La sonrisa de la discapacidad

Una mirada desde los hermanos

Daniela Valverde Watson

I

LA SONRISA DE LA DISCAPACIDAD

Una mirada desde los hermanos

Daniela Valverde Watson

*Para mi familia especial y su incondicional apoyo... y para
mi hermano Pablo quien me inspiró este libro.*

CONTENTS

PRÓLOGO

Es muy probable que me encuentre sesgado al momento de escribir este prólogo, no lo puedo evitar, pues muchos de los personajes implicados son mi sangre y son mi historia. Pero la lectura del libro me ha oxigenado tanto el alma que he podido separar a la escritora del fuerte lazo filial que nos une.

El libro lo empecé a leer sin saber qué me esperaba, sabía que trataba de nuestra historia de familia pero nunca me imaginé que encontraría ahí nuevos matices que me recordarían lo difícil que ha sido el recorrido pero también lo afortunados que hemos sido por tener a Pablo en nuestras vidas.

Cuando sales de viaje de las mejores cosas que te pueden pasar es que algún lugareño conocedor o guía autorizado te dé algo más que un tour. Que te enamore, que te sorprenda y que te cautive con realidades, lugares, personas e historias que colorean lo que a simple vista no se puede ver, entender o admirar sin una guía completa. Disfrutar el paseo por las calles, las veredas, los atajos y que te cuente historias de ese lugar que sólo los que viven ahí pueden compartir. Que al mostrarte una casa del barrio que puedas considerar "curiosa o extraña" en realidad guarde una gran historia de amor que se encierra en esas viejas paredes. De esos viajes que recuerdas más por las anécdotas contadas que por los lugares visitados.

Justo en eso se convierte Daniela, es una guía completamente autorizada para llevarnos poco a poco, con delicadeza pero con fortaleza por el asombroso mundo de la discapacidad.

Ella escribe con una familiaridad y una frescura tan natural sobre los personajes y las situaciones que, al llamarte "querido lector", te envuelve y te lleva de la mano por toda su lectura. De repente te conviertes en su cómplice de travesuras, en su cargador de maletas para ir a nadar o en su compañero de hospital.

A los hermanos de los Niños Especiales se les llama los "Niños Olvidados" por la lógica atención que el hijo o la hija con discapacidad demanda de sus padres. Pero Daniela nos enseña que hay mucho que conocer de estos hermanos, pues en la familia ellos también tienen la discapacidad y aprenden a vivir con ella. Cada persona y cada familia lo vive de forma diferente y son muy contadas las veces, como esta, en que podemos descubrir a uno de los hermanos con la crudeza, el dolor y la esperanza con que conviven.

Este libro ofrece la oportunidad para que los que ya están inmersos en el universo de la discapacidad se puedan reflejar en cada letra que se lee, que revivan y reconozcan sensaciones, emociones y momentos que son parte de su día a día. Que puedan leer a uno de sus guerreros y compartir entre lágrimas y sonrisas el don de la discapacidad y sus batallas.

También nos regala la vivencia de los que han sentido el llamado vocacional de servir y realizarse en alguna de las aventuras llenas de color y de vida a las que la discapacidad invita, que escuchen y descubran una voz cercana que los pueda guiar en los sorpresivos recovecos e incertidumbres que sólo la esperanza y la alegría saben alumbrar en el regalo de vivir.

Y finalmente los que eran ajenos al tema o lo veían de lejos, que puedan acercarse, descubrir y compartir la noticia profunda y llena de vida que conlleva la discapacidad. Y vivir la maravillosa sorpresa de vencer el miedo al tema y a las personas cuando descubran La sonrisa de la discapacidad.

El libro es sólo una flor del gran jardín que les espera lleno de colores y matices. Al final, después de leerlo y de todo lo que haya provocado en ustedes, dejen que el viento de la vida sople una vez más y, cuando todo esté más despejado, no duden en descubrir en ustedes y en lo que han leído una mejor sonrisa, la sonrisa de la discapacidad.

Martín Valverde

PREFACIO

…Cuando llegue la prueba,
Dios les dará también la manera de salir de
ella, para que puedan soportarla.

1 CORINTIOS 10:13

Se puede decir que este libro nació por accidente, así como a veces pasa con la discapacidad. Si no hubiera sido por aquel acontecimiento el 27 de marzo de 2017 este libro no hubiera sido escrito pues, después de haber vivido ese día y los posteriores, sentí el compromiso de expresar en letras, desde la voz testimonial de ser hermana de una persona con discapacidad física e intelectual.

Esto es lo que recuerdo de aquel día:

Sujeto el volante con fuerza mientras piso el acelerador, mi corazón está latiendo a mil por hora y percibo cómo mi cuerpo está temblando, sin dejarme alguna posibilidad de autocontrol.

—Es adrenalina —pensé.

Me veía en la necesidad de ponerle nombre a cada cosa que sentía pues, muy en mi interior, creía que al darle una categoría me podría tranquilizar. Pero en realidad, aunque la vida está llena de nombres y categorías, las emociones no responden a un orden mental, simplemente son.

No me era difícil distinguir la emoción que me estaba dominando debajo de esa autodiagnosticada adrenalina que me envolvía por completo y resaltaba mi nivel de alerta hacia ese lugar incierto al que me dirigía a toda velocidad. Era miedo, quizá terror.

—Por favor, por favor… —Repetía esta frase en voz alta, una y otra vez, como un disco rayado, sin importar que pasaran incontables pensamientos en mi mente, como la velocidad que lleva un río al bajar. Volvía nuevamente a repetir en voz alta mi plegaria.

—Por favor no, Dios, por favor que estén bien. Por favor, por favor… Que sólo sea un terrible susto, que estén bien… Cuídalos por favor.

Así es, hablaba con Él; mi ruego era hacia Dios.

Me atormentaban pensamientos cíclicos que me transportaban a adelantar catástrofes, me mostraban imágenes de terror con los peores escenarios de mis más profundos miedos. ¿Y si perdía a mi familia?, ¿y si ya no había nada que yo pudiera hacer?, ¿y si me quedo sola?

Saltaba angustiada hacia un probable futuro de soledad, para dar otro brinco a un pasado lleno de nostalgias y terminaba con un miedo que balbuceaba nuevamente en mi plegaria del presente:

—Por favor no, por favor Dios, que estén bien.

Con mi mano derecha tomo mi celular y le dejo a mi mano izquierda la responsabilidad del volante y el exceso de velocidad del carro. Buscaba, a través de una llamada, escuchar una voz conocida que me calmara y me ayudara a salir de mi atormentada mente.

Marco el teléfono de mi tía, hermana de mi mamá. Ella ha sido para mí como una segunda madre y confiaba en que, si escuchaba su voz, me sentiría acompañada en la insoportable angustia que estaba viviendo.

—Buzón de voz. —Escuché de una grabación.

Vuelvo a marcar unas dos veces más pero obtengo el mismo resultado.

—Por favor, por favor…

Llamo ahora al celular de mi tío, quien ha sido

para mí como un segundo padre y que, además, tiene una cualidad especial para resolver problemas. Lo que sea, él encuentra la manera y, en una emergencia como ésta, no había duda que podría decirme qué hacer.

Noto cómo mi mano tiembla mientras busco el número de mi tío. No era la primera emergencia que me tocaba vivir, por lo que tenía algo de noción de mi forma de reaccionar ante dificultades. Suelo ser calmada y resolutiva, por lo menos en apariencia. Sin embargo, mientras buscaba el número de mi tío y manejaba a alta velocidad, supe que esa persona calmada y resolutiva, no había venido conmigo.

Encuentro cinco números diferentes de mi tío, de esas cosas que justo no quieres que sucedan en una emergencia. Selecciono el primero, previendo que no iba a ser el correcto. Sin esperarlo, me responde al primer tono. Tomé un respiro y le dije:

—Tío, mis papás y Pablo tuvieron un accidente y al parecer es grave. Mi papá está inconsciente. Están en Av. López Mateos, antes de periférico.

—Ok Dany, ¿dónde dices exactamente que están? —Respondió mi tío.

—Es lo que me dijeron, que están antes de periférico, casi en frente de la Coca-Cola...

—Dany, estoy pasando justo ese punto... ¡Ya los vi! —dijo mi tío al levantar la voz—. Te veo aquí.

Colgó el teléfono y yo vuelvo a mi conversación interna en voz alta:

—Por favor, por favor... Dios por favor, que no les haya pasado nada. Por favor que estén bien.

Me quedan un par de minutos de traslado hasta el lugar del accidente, han sido los dos minutos más eternos que puedo recordar. Ruego al cielo por el milagro de que mi familia esté bien. Quizá si lo pido lo suficientemente fuerte, se me puede cumplir.

Mi mente no deja de amenazarme con mis

pensamientos que se asemejan a una película de terror. Tomo nuevamente el teléfono, busco otra vez una voz del exterior de mi cabeza... ¡busco ayuda! Marco el número de mi hermano mayor, una y otra vez, pero siempre termino escuchando su buzón de voz.

Ese día era un lunes, como cualquier otro día rutinario, de aquellos que difícilmente se recuerdan en el futuro. Llevaba puesto un vestido floreado, de esos de primavera, pues el calor ya estaba siendo tema de conversación en la ciudad de Guadalajara. Recuerdo que hacía un reporte en mi computadora, no tengo idea de qué pero, gracias a ese reporte, yo no iba en la camioneta el día que fue el accidente.

Me entra una llamada al celular; era mi mamá, que siempre marca a la hora de la comida. Seguro que me hablaba para que pusiera la mesa o los recibiera en la puerta para ayudar a bajar del carro a mi hermano Pablo, pues venían de recogerlo de su Centro de Día e íbamos a comer juntos.

Pocas veces escucho mi celular, de planta lo tengo en silencio por mi comodidad y, en mi distracción, no es raro que lo deje en cualquier lado lejano a mí. Esto, mi querido lector, lo considero relevante, pues no sé qué hubiera pasado si yo no le contesto a mi mamá en ese momento.

Al responderle espero instrucciones para la comida, la escucho como jamás la había oído. Su voz era seria, diferente; como si estuviéramos en una conversación formal, de esas donde hay que vestirse elegantes y hablar sólo lo apropiado. Pero mi mamá no es así, en esa ocasión, su voz carecía de emociones y no pude distinguir si estaba tranquila o aterrada.

Al escucharla me pareció que me hablaba en

automático, como una máquina que cumple con su deber informativo. No me dijo mucho, sólo lo necesario. Y lo que habló lo dijo tan pausado que podía percibir cómo tomaba un respiro con cada frase que me decía.

—Tuvimos un accidente muy fuerte… tu papá está inconsciente… estamos antes de periférico, sobre López Mateos… Llámale a tu tía.

Me levanté de inmediato de la silla en la que estaba y en un tono acelerado —muy distinto al serio/formal de mi madre— le pregunté que si habían recogido a Pablo de la escuela.

Extrañamente me volvió a repetir lo que me acababa de decir, con ese tono de voz tan raro y carente de emoción.

—Tuvimos un accidente muy fuerte… Estamos en la camioneta… tu papá se desmayó, está inconsciente… llámale a tu tía Cindy. Estamos en López Mateos, frente a la Coca-Cola, antes de periférico —lo dijo despacio, como para que no se le fuera a olvidar ningún detalle. Sólo puedo imaginar lo que pasaba por su mente.

Sentí un alivio en mi interior pues mi hermano Pablo tiene parálisis cerebral y, un accidente automovilístico sería muy difícil para él. Sin embargo, me quedó duda en esa incómoda conversación y, sólo para asegurar, lo pregunté nuevamente:

—Má, ¿Pablo está con ustedes?

—Pablo está aquí. Estamos en la camioneta. —Respondió.

Lo que sentí al confirmar que mi hermanito estaba en ese accidente, es indescriptible. Algo así como un deseo de querer protegerlo, junto con un enorme miedo de no poder hacerlo.

Pienso que tener nuestras capacidades intelectuales en un margen de entendimiento "normal" nos ayuda a digerir lo que nos sucede en la vida. Pero ¿qué pasará por la mente de Pablo en un susto tan grande que probablemente no alcanza a entender? ¿Sentirá miedo?, ¿desconsuelo?, ¿impotencia?

Estaba casi por llegar al lugar del accidente, me dirigía a lo inevitable, hacia a aquello que ya había sucedido y no podía cambiar. Internamente evadía mis pensamientos que evidenciaban mis más profundos miedos.

—Por favor, que estén bien. Por favor. —Alcancé a decir una vez más, antes de bajar de mi automóvil.

Tomé una respiración profunda, para alentarme a confrontar la realidad. Por fin se terminaba ese largo y angustiante trayecto.

No tardé nada en darme cuenta cuál era el lugar del accidente pues había una tremenda aglomeración de personas sobre la calle. Los carros en el sentido opuesto estaban completamente detenidos, hacían una larga fila a la que no se le veía fin. Entre cláxones, sirenas de ambulancias y murmullos estacioné mi carro sobre la banqueta y, sin importarme que ese lugar de estacionamiento estuviera prohibido, me bajé y me dirigí hacia aquel accidente, procurando mi autocontrol emocional.

Caminé lento, notaba cómo las personas me volteaban a ver. Trataba de ignorar lo rápido que latía mi corazón. A la mitad de la calle visualicé el choque y dejé de lado mi ridícula pretensión de tener control sobre lo que sucedía. Comencé a correr con toda la velocidad que me dieron mis piernas hacia ese espantoso encuentro que tenía delante de mí.

Me detuve justo enfrente de una camioneta marca Lobo, de esas que les abres camino cuando se te atraviesan al volante. Al observar la parte delantera de esta camioneta, completamente destruida, tuve consciencia de cómo mis piernas empezaron a temblar. No pude evitar pensar en que si esa enorme *pick up* estaba destrozada, ¿cómo estaría la camioneta tamaño regular en la que iba mi familia?

Quería adelantarme e imaginar lo que me iba a encontrar, quizá buscaba prevenir entrar en *shock*, pues el impacto era mucho más fuerte de lo que me esperaba. La camioneta de mis papás estaba chocada por la parte delantera y la trasera, formando un acordeón musical. Era un accidente de esos fatales y dramáticos de alta velocidad que se ven en las películas. No podía concebir que mis papás y mi hermanito estuvieran ahí.

—¡Dany! —Se escuchó la voz de mi tío, quien estaba ahí desde mi llamada, minutos atrás.

Lo miré y tomé un respiro profundo y ahogado, para evitar quebrar en llanto. No quería que notara mi profunda preocupación pues sabía que tenía que ser fuerte en ese momento porque me necesitaban. Sin embargo, tenía los ojos llorosos y no fui capaz de pronunciar palabra alguna.

—Tu hermano está en la ambulancia de atrás... —retomó mi tío—. Vamos a movernos a los hospitales ya. Yo voy a esperar a que saquen a tus papás de la camioneta, dame las llaves de tu carro y vete con Pablo. Allá nos vemos.

Lo miré y sólo pude asentir con mi cabeza y empezar a caminar en silencio. ¿Cómo era posible que mi tío pudiera pensar en las llaves del carro?, ¿de dónde sacaba su energía para tomar acciones? Mientras tanto yo me ahogaba en mis propias emociones y pensamientos.

Volteé a ver una vez más la camioneta de mis papás y avancé a trote hacia la dirección que mi tío me había señalado para buscar a Pablo. Llegué a la ambulancia que tenía las puertas traseras del vehículo abiertas y vi aquella escena tan impactante para mí, que jamás podré borrar de mi mente.

Ahí estaba Pablo amarrado a una camilla con

ruedas, dando gritos de dolor ahogados en llanto y pedía auxilio. Al parecer, lo acababan de subir a la ambulancia.

Mi hermanito chiquito, el precioso niño que se ha abierto camino a la vida desde su nacimiento, estaba frente a mí, inmovilizado de pies a cuello, cubierto de sangre, con su carita raspada mientras gritaba desconsoladamente por ayuda.

En un salto estaba a su lado, inclinada hacia él, buscaba que me viera para hacerle saber que no estaba solo. Me envolvió una sensación de adrenalina y desconsuelo. Quería con todo mí ser mostrar fortaleza para convertirme en su roca de apoyo pero sólo fui capaz de quebrarme también en un llanto incontenible.

—¡Mi panza, mi panza! —gritaba Pablo de manera agitada, mientras lloraba.

Observé que su camisa color verde, como el de sus ojos, estaba rota en pedazos. Entre las roturas se alcanzaban a ver las heridas en su vientre. Cuidé no lastimarlo y moví la camisa, me envalentoné para ver más de cerca. Seguramente esas cortadas se debían al cinturón de seguridad, aunque tenía sangre y golpes en todo su cuerpo.

Su carita estaba colorada, probablemente del tiempo que llevaba llorando, también estaba cortada. No profundamente, sino más bien como si se hubiera quemado por alguna fricción. Lo abracé y lo agarré con fuerza y cuidado; su cara, sus manos… cualquier punto donde podía pensar que no lo lastimaba. Quería calmarlo y no encontraba la manera ni siquiera de calmarme a mí misma. Nunca lo había visto tan asustado y nunca había estado yo tan asustada.

Pasaron unos cinco minutos y la ambulancia arrancó. A nuestro lado se colocó un paramédico quien amablemente me preguntó si estaba bien. Le respondí que sí, aunque seguro mi cara no expresaba lo mismo. Era obvio que no estábamos bien, pero realmente no podía hacer más de lo que ya había hecho.

Yo hablaba con Pablo, lo sujetaba todavía con fuerza y cuidado, le decía que iba a estar bien, que yo estaba con él y que no lo iba a dejar. La ambulancia iba rápido y con los terribles movimientos bruscos que hacían que la camilla brincara y se sacudiera, Pablo, en cada golpe, abría lo más que podía sus hermosos ojos y gritaba: "¡Daniela!". Mientras yo, entre lágrimas, apretaba fuertemente su mano y le decía que estaba ahí.

No tenía ni idea de qué hacer, mi sentido de razonamiento estaba nublado. El llanto de Pablo se ahogaba con el sonido de la sirena de la ambulancia la cual parecía que era cada vez más fuerte. No podía hacer nada por su dolor. Estaba a su lado, incómodamente agachada, lo sostenía con todo el cuidado que entendía y sabía que mi lugar era ahí junto a él, para abrazarlo y hablarle.

—Aquí estoy Pablo, estoy contigo. Todo va a estar bien mi amor, yo sé que duele. Los doctores te van a ayudar, ya vamos con ellos, por eso estamos en la ambulancia. Vas a estar bien amor, vas a estar bien chiquito. Ya casi llegamos, falta muy poco. Aquí estoy contigo...

—¡Mi pancita Dany! —gritaba Pablo.

—El doctor la va a ver, la va a curar, por eso vamos al hospital.

—Me duele —me decía mientras lloraba.

—Ya casi llegamos Pablo —le dije—. La ambulancia avanza muy rápido, ¿ves? Por eso suena tan fuerte y ahí los doctores nos van a ayudar, vas a estar bien.

Trataba de explicarle cada cosa que me decía, lo que él sentía, esperaba que si lograba darle algo de sentido, su ansiedad pudiera bajar.

—Mi mamá... —alcanzó a decir después de quejarse.

—Mamá y papá están bien —respondí yo, sin tener ni idea de cómo estaban—. Van a ir también en una ambulancia y van a llegar al hospital para que los vea el doctor.

Pasó un momento y me dijo en voz baja:

—Dany, quiero ir a casa.

Yo sólo pude cerrar mis ojos y tomar una profunda respiración para poder contestarle, pues yo también seguía llorando.

—Vamos a ir a casa Pablo, cuando te sientas mejor. Todo va a estar bien.

Era imposible que él entendiera con claridad que un conductor de una enorme camioneta se había salido de su carril mientras conducía y sin ninguna lógica explicación, había acelerado y chocado de frente contra ellos. Pablo en su mundo de inocencia, entre tanto dolor, únicamente podía distinguir sus emociones y su malestar. ¿Cómo iba a explicarle que su sufrimiento era causado por un terrible accidente? ¿Cómo decirle que no podía llevarlo a casa?

La camioneta CR-V *después del accidente en la que volvían a casa mis papás y mi hermano menor.*

Fotografía de cómo quedó la camioneta por la parte trasera, debido al segundo choque ocasionado por un carro que venía detrás y no pudo frenar.

El lugar del accidente. Se puede observar la camioneta marca Lobo que les impactó de frente.

CAPÍTULO 1. LA LLEGADA DE LA DISCAPACIDAD

Lo que era esperado como un acontecimiento alegre, se convierte en una catástrofe de profundas implicaciones psicológicas.

TORRES Y BUCETA, 1995

Para la hija que nunca llegó

Un día estábamos en un congreso sobre discapacidad, organizado por Cáritas en La Habana, Cuba, cuando una mujer llamada Claudina, subió al escenario a dar su testimonio y para mí fue sumamente conmovedor pues, no sólo era mamá de una joven con Síndrome de Down, por cierto que estaba sentada entre el público, sino que también tenía un segundo hijo diagnosticado con autismo.

Claudina nos hablaba de lo difícil que fue aceptar a su primera hija Arlene, quien nació con Síndrome de Down y a la que en esta historia llamaremos *Sofi*. Contó que llevaba años queriendo ser mamá y en sus sueños su maternidad era un anhelo muy diferente al de la realidad. Tenía una ilusión bien formada que, aun sin conocer a su hija, ya se había creado una expectativa sobre todo lo que su pequeña iba a ser: probablemente una exitosa doctora, bailarina, con mucha facilidad social, casada con un buen hombre, y le regalaría unos nietos preciosos con el mismo futuro prometedor.

Para ella como mamá fue muy impactante el encuentro con la realidad y reconocer que, la niña con la que había soñado, no había llegado. En su lugar llegó una personita que no cumplía con todas las ilusiones previstas, ni las iba a cumplir, lo cual le causó una caída muy fuerte, desde la misma altura en la que se encontraba su expectativa.

Entre las cosas que compartió esta mujer en su testimonio, señaló lo difícil que fue para su doctor darle la noticia de la condición de Sofi después del parto. Contó que cuando tuvo a su hija recién nacida en sus brazos, el doctor entró a su habitación y le dijo que todavía no podía darle ningún diagnóstico pero le aseguró que iba a hacerle distintas pruebas a su bebé para darle una respuesta de su condición. La mujer entonces miró al doctor y le respondió: "Doctor, usted haga las pruebas que quiera, yo le puedo decir que esta niña es *mongolita*".

Tener Síndrome de Down está socialmente estigmatizado como algo negativo y, en ocasiones, se puede incluso llegar a asociarse con una especie de castigo o mala suerte, especialmente en aquel entonces, el año de 1975 y en una ciudad como La Habana.

La manera de llamarlos era de forma despectiva "mongolitos", "retrasados", "incapacitados", etcétera. Términos denigrantes y hasta insultantes que, como sociedad, poco a poco nos hemos esforzado hacia cambios positivos, aunque considero que todavía nos queda un tramo importante por seguir.

La siguiente narración es un relato ficticio, basado en el testimonio real de Claudina, que lamentablemente falleció tiempo después.

Mi corazón está roto. Me es imposible contener las lágrimas, siento cómo se deslizan por mis mejillas. Trato de contenerme y de decirme a mí misma que todo va a estar bien, que ser mamá era mi sueño. Pero la miro y mi mente sólo reacciona con rechazo a la niña que tengo en mis brazos.

Es un error, se confundieron; esta no es mi hija, no es la pequeña a la que yo le hablaba cariñosamente en mi vientre. A ella yo la conocía bien, la veía incluso en mis sueños, sonriendo.

Llevaba tiempo pidiéndole al cielo por mi hija y Dios siempre escucha; todo debe tratarse de un espantoso error. ¡Eso es! Se han equivocado y no les he podido explicar la confusión.

Pero ¿por qué me felicitan? ¿Por qué dicen que todo salió bien? ¿Por qué me dicen que es una bendición del cielo? ¿Por qué la llaman un ángel? Y ¿por qué me dicen que ella es mi bebé?

La estoy sosteniendo en mis brazos en este momento, la enfermera la colocó aquí al mismo tiempo que, con una sonrisa tiesa en su cara, me felicitaba por mi maternidad. Yo sólo la observé con la mirada confusa. No tengo idea de lo que me dice.

Esta personita diminuta no la reconozco en el fondo de mi ser, no es mi bebé. Viene envuelta en una cobija rosada con conejitos bordados; seguro mi madre se la puso. Es suave y se ve impecablemente limpia. La criatura tiene el cabello color café, muy delgadito. Sus manos están arrugadas, como las de un pequeñito anciano. Su cabeza es tan chiquita que llegué a pensar que era falsa.

Es real, puedo ver perfectamente cómo respira por esa microscópica nariz. Y sus ojos... sus ojos la delatan como la impostora que es. Son diminutos, como un par de almendras. Están rasgados, pero no exactamente como un bebé con rasgos orientales, sino más bien porque está enferma. Eso es, es una bebita enferma; una niña mongolita.

El doctor no lo aclaró así, pero lo que es evidente a los ojos no necesita explicación. Dijo cosas respecto a lo que él llamaba su condición especial, que no estaba enferma… cosas que la gente dice para aminorar la dolorosa realidad. Pero yo que tengo a esta bebé en mis brazos puedo hablar con la verdad. Por supuesto que está enferma.

¿Qué es enfermedad sino la ausencia de salud? Sin embargo, mi esposo era el único que hablaba con el médico, yo no podía escucharlo. ¿Cómo podía darle mi atención, si nadie me decía qué le pasó a mi hija? ¿Dónde está mi Sofi? ¿Mi niña que veníamos a recibir? ¿Quién se está preocupando por ella?

—El doctor está por llegar —me dice la enfermera de la gran sonrisa congelada.

No puedo responderle. Soy consciente de que a estas alturas ya notaron mis incontrolables lágrimas. Quizá piensen que se trata de un llanto de alegría; que yo comparto el mismo regocijo de mi esposo. Él sigue diciendo que el parto ha sido un éxito y que nosotros derrochamos alegría por la llegada de Sofi.

Me dan ganas de abofetearlo con todas las fuerzas que me quedan. Jamás había sentido un odio así hacia él. Esta criatura no es mi Sofi. Es una equivocación. Algo salió muy mal y nadie se atreve a decirlo en voz alta. Todos celebran su llegada, sin darse cuenta de que se trata de una impostora, que nada de esto debía pasar. ¿Por qué nadie ha dicho algo sobre su cara? No puede haber nada más evidente y delatador que su rostro.

Mi esposo acaba de entrar al cuarto y yo siento que un vacío me consume por dentro y en cualquier momento me desvaneceré. Ojalá me quite a esta niña de mis brazos, realmente no creo poder sostenerla un minuto más.

Cierra la puerta y deja en el pasillo todo el sonido de fiesta y alegría que se escucha de la familia y amigos que celebran la llegada de la primera nieta. Mi marido se acerca a mí, me limpia suavemente una lágrima de la mejilla, me da un beso en la frente y, con una sonrisa demasiado sincera, saluda a la diminuta persona que yo sigo sosteniendo con mis manos.

—Hola preciosa Sofi, soy papá —le dice mientras la abraza y la besa.

Y yo, rodeada de flores, globos y sonrisas, guardo silencio. No puedo dejar de pensar en mi hija Sofía, que nunca llegó.

Se habla poco sobre el impacto emocional que tiene la llegada de la discapacidad a cualquier hogar debido a que lo prioritario es atender la crisis que se genera alrededor. Entre doctores, diagnósticos, terapias, seguros, reorganización de roles y más, no queda mucho tiempo para preguntarse ¿cómo está cada miembro de la familia en torno a esta nueva realidad? Para facilitar así la expresión de sentimientos, pero sucede todo lo contrario, la angustia gira en torno a preguntas como: ¿Quién se va a encargar?, ¿qué se puede hacer para mejorar el pronóstico de la persona con discapacidad?, ¿quién es el experto?, ¿quién tiene experiencia?, ¿quién nos puede decir qué nos va a pasar?

La discapacidad puede llegar en cualquier momento de nuestras vidas y a cualquier persona del mundo, sin distinción de cultura, género, estatus socio-económico, etcétera. Es tan incierto como la existencia misma, donde todos somos vulnerables ante la infinidad de posibilidades que se presentan.

Cuando una mujer está embarazada es común escuchar la pregunta "¿qué quieren que sea, niño o niña?". E igual de común es escuchar la respuesta de "no importa si es niño o niña, con que venga sano está bien". Con esta respuesta, tan normal, no nos damos cuenta de que al esperar un bebé "sano" inconscientemente rechazamos a un bebé **no** sano y eso indudablemente causa una pérdida al momento del encuentro. La pérdida del hijo sano que se esperaba, la pérdida de la salud misma y de nuestros planes expectantes.

Cuando llega la noticia de la discapacidad a la familia comienza forzosamente un proceso de duelo en cada uno de los integrantes que la componen. Es necesario acomodar la nueva realidad y tratar de buscar, a toda costa, el equilibrio perdido en la dinámica familiar.

Los hermanos de personas con algún tipo de discapacidad por lo general nos enfrentamos a varios duelos a la vez. El primero y el más importante es el de la atención de los padres y todo lo que esto conlleva; nos dejamos de sentir amados, especiales, valiosos, principales.

Trabajar el duelo es indispensable. Sea cual sea la pérdida hay que vivirla para decir adiós a la "expectativa" y darle su lugar a la persona real que está con nosotros. El hijo o la hija, hermano o hermana, nieto o nieta, sobrino o sobrina, amigo o amiga. Sólo así podemos conocerlos como son, con todas sus características y, sólo desde la aceptación, podemos amarlos.

Cuando esperamos algo debemos de ser capaces de reconocerlo, para poder así darle un cierre adecuado. Si como hermanos, por ejemplo, esperamos un compañero de juegos pero hay una condición física o intelectual que obstaculiza nuestra expectativa, es importante que duela la pérdida de ese deseo para, posteriormente, dar la bienvenida al hermano que sí está con sus respectivas características. La expectativa se destruye como un castillo de arena que, al derrumbarse, sólo queda arena.

Otro de los duelos es la cotidianidad del día a día como se conocía. Suceden tantos cambios que no da tiempo de asimilarlos sino, más bien, de extrañarlos. Se añoran las salidas sociales, invitar amigos a casa, jugar con papá o con mamá o con ambos, ser el centro de atención, las vacaciones, etcétera.

Uno de los resultados de un duelo mal llevado puede ser, sin duda, la rivalidad fraternal. Ésta se trata de un conjunto de emociones y comportamientos por los que atraviesan algunos niños frente al nacimiento o presencia de sus hermanos menores.

Mientras realizaba la investigación para mi tesis tuve la

oportunidad de entrevistar a distintos hermanos de personas con discapacidad. Para mi sorpresa fueron muchos los que refirieron tener una pésima relación con sus hermanos con alguna discapacidad.

Este tipo de situaciones por supuesto que son causa de sufrimiento y añade complicaciones a las que ya de por sí se viven. Por ello, es de suma importancia que se hablen de los sentimientos y emociones que causa la llegada de la discapacidad con la familia, en la familia, hacia la familia. Estar dispuestos a escuchar y recibir lo que es, no lo que debería de ser. Permitir la expresión libre de emociones y de sentimientos aunque puedan ser "malos".

No hay emociones "buenas" o "malas"; las emociones son emociones y listo. Están ahí para ayudarnos a sobrellevar todo lo que nos pasa y, si sabemos manejarlo, saldremos adelante, mejorados, como personas resilientes.

Actualmente el término más aceptado es discapacidad, o bien, personas con capacidades diferentes.

Si podemos quitarnos las etiquetas y los estigmas que hay alrededor de una condición o una discapacidad, podemos encontrarnos de frente con la persona que está ahí, con todas sus condiciones y capacidades.

Claudina, madre de Arlene (Sofi en la historia) cuenta que, después de un tiempo, finalmente pudo ver a su hija como era y se dio cuenta de que no le faltaba nada para poder amarla y que el vínculo que crearon juntas fue tan único y fuerte como lo había soñado. Con su testimonio nos dijo que no era capaz de imaginarse a ella misma sin su hija Arlene y su condición de síndrome de down.

Arlene Santacana, Martín Valverde y Claudina Martínez (QEPD), en el Congreso para Pastoral de personas especiales, Habana, Cuba, 2016.

Vínculo: la seguridad del amor

Los padres buscan el bienestar de cada hijo aunque con la experiencia del vínculo nos damos cuenta de que existe un lazo especial con algún hijo en particular y, por lo general, suele ser el hijo menor, o bien, aquel que se percibe como más vulnerable; como puede ser un hijo con discapacidad.

Crear un vínculo es una función vital en las relaciones especialmente en las primeras etapas de la infancia. El vínculo es tan importante que se ha comprobado que la falta de contacto humano, sobre todo entre madre e hijo, puede llevar a un bebé hasta su muerte.

Una vez una mujer me contó su experiencia acerca de cómo vivió el vínculo con su hijo menor quien, además, nació sietemesino y tuvo que quedarse en una incubadora por poco más de dos meses, dificultando así la posibilidad de un contacto humano salvo el mínimo indispensable permitido por los médicos. Esto fue lo que me compartió:

> Mi hijo nació a los siete meses de gestación y con muchas dificultades, luchó por sobrevivir desde el vientre materno además venía acompañado de pronósticos fatales por parte del equipo médico del hospital. Me decían que era mejor que me fuera despidiendo de mi bebé, porque lo más probable es que no sobreviviría a la primera noche.
>
> Estuvo tanto tiempo en la incubadora, por su prematura llegada a este mundo, que le causó consecuencias graves, era un bebito diminuto, parecía irreal. Pero, si lo mirabas con cuidado, se le podía ver cada parte de su cuerpecito bien formado. Sus bracitos, sus manitas con sus deditos largos, aunque en miniatura; sus piernitas y sus piecitos... su pequeña cabecita. Su pecho donde se podía ver su gran esfuerzo en cada respiro que daba con dificultad dentro de su incubadora, conectado a tantos cables, que yo no entendía para qué eran. Su piel, tan

oscura, tan gris; le faltaba sangre. Un bebito bien formado que no había tenido la oportunidad de terminar de crecer.

Lo vistieron sólo con un pañal que le abarcaba el torso entero. Me dijeron que era el más pequeño que tenían y, aún así, lo tuvieron que ajustar, pues era enorme para él. Era tan chiquito que cabía en la palma de la mano de su papá y no es una mano muy grande.

Yo estaba agotada por la cesárea y tenía la orden de quedarme en reposo pero no quería separarme de mi bebito que con tantos problemas había llegado al mundo y probablemente partiría del mismo muy pronto.

No me permitieron sostenerlo en mis brazos pues tenía que permanecer dentro de su incubadora, conectado a un respirador todo el tiempo. Algo en mí se desesperaba; un instinto que no puedo describir con palabras se quebraba, sabía que necesitaba abrazar a mi bebé y no estaba autorizada.

La incubadora era una jaula que nos separaba. También podría verse como una pecera de plástico que finalmente no es muy diferente a una jaula y, aunque no era muy grande, con mi pequeñito bebé adentro, se veía gigante. En el centro de esta incubadora, por un costado, tenía un par de agujeros destinados principalmente al equipo médico, para que pudieran conectar los muchos cables que le ponían a mi bebé o poner inyecciones o revisar la temperatura, entre otras cosas. Y el beneficio "extra" es que yo podía ingresar mi mano por ese hoyo y hacer contacto físico con mi hijo.

Mi bebito no murió esa primer noche que los doctores habían previsto, ni tampoco la siguiente, seguían pasando los días y mi pequeño guerrero no dejaba de luchar para quedarse con nosotros.

Cada día me sentaba lo más cerca que podía a la pecera y me quedaba a un lado de mi bebé en su batalla por vivir. Mi mano se entumía constantemente porque, durante horas, la tenía metida en esos pequeños agujeros de la incubadora y no me importaba en lo más mínimo, pues era nuestro único lazo permitido.

Lo miraba a través del plástico, lo acariciaba, le hablaba e incluso le cantaba, porque en mi interior sentía que eso haría que mi hijo quisiera quedarse y vivir. Hoy en día lo sigo creyendo.

Estaba muy delicado, lo podíamos ver todos. De tan débil que estaba no era capaz de comer así que le metieron una sonda por su garganta para poder alimentarlo y yo estaba devastada de verlo sufrir cada vez que ingresaban esa horrible sonda. Lo único que podía decirle era pedirle perdón por todo el dolor que tenía que soportar para sobrevivir. Pero quería que viviera, quería que luchara y quería sacarlo del hospital... Quería que se quedara conmigo porque ya lo amaba.

Después de casi dos meses en el hospital le quitaron la sonda. Aún así sólo me permitían amamantarlo por cinco minutos contados con reloj debido a que, según me decían, el esfuerzo del chupeteo lo hacía bajar de peso. Jamás estuve de acuerdo con eso y discutía todos los días con el pediatra, defendía mi instinto que me dictaba que mi hijo necesitaba sentir mi piel, mi calor, mi contacto, escuchar mi corazón y sentir mi amor por él.

Uno de esos días, al tratar de amamantarlo, sentí cómo finalmente mi bebé succionaba mi leche. Sentía cómo se me dibujaba una sonrisa en mi rostro, celebraba silenciosamente este gran logro y se lo hacía saber a mi bebito con las palabras más cariñosas que pude formar.

La enfermera de turno nos interrumpió esta victoria pues ya habían pasado los cinco minutos permitidos por el doctor. Yo me rehusé a quitarme a mi bebé del pecho por lo que ella llamó a otras dos enfermeras quienes, literalmente, me arrebataron a mi bebito de los brazos. Él comenzó a llorar y, recuerdo con dolor, que no paró de llorar. Lloró por tanto tiempo, que pensé que se moría. Los médicos volvieron a meterle la horrible sonda por la garganta para llenarlo con mi leche y supuestamente ya había quedado "satisfecho" pero seguía llorando.

Parecía que yo era la única en ese lugar que sabía que mi hijo necesitaba otro tipo de satisfacción, no sólo sobrevivir a través de una sonda que le lastimaba su garganta sino tener la posibilidad de formar un vínculo con este mundo. Y yo sabía que yo podía brindarle un primer contacto al vincularse a mí y a la seguridad que podía encontrar en mi piel, en mi calor, en mi cariño y en el amor incondicional que ya tenía hacia él.

Ese día, después de escuchar su llanto quebrantado hasta el cansancio, me di cuenta de que mi bebé no necesitaba de toda esa tecnología y métodos modernos que nos ofrecían los médicos y que cada día yo veía cómo lo lastimaban y, probablemente, lo traumaban. Él necesitaba el contacto humano.

Mi esposo y yo tomamos la decisión de sacarlo de ese hospital a pesar de que los médicos nos dejaron claro que si lo sacábamos no sobreviviría más de dos días.

Sin embargo no hubo argumento científico que me convenciera de otra cosa. Todo el consejo médico estuvo en nuestra contra y cuando no tuvieron más opción que dejarnos ir por nuestra decidida voluntad, nos hicieron firmar un papel que indicaba que nos llevábamos a nuestro bebé bajo nuestro propio riesgo, responsabilidad y sin autorización médica.

Los médicos temían que mi bebé se fuera a broncoaspirar y muriera, porque en casa no teníamos manera de detener una tragedia así. Además mi bebé apenas alcanzaba dos escasos kilos de peso y decían que yo no lo iba a poder alimentar adecuadamente.

Sé que mi intuición fue tan fuerte y clara que no podía escuchar otra cosa. Hoy estoy segura de que no me equivoqué y me alegro haber escuchado a mi sabiduría interior.

Aquí termina el relato de la experiencia de esta mujer. Mujer a la que orgullosamente yo llamo "mamá" y el bebé prematuro del que ella habla es mi hermanito Pablo quien al parecer llegó a este mundo antes de tiempo para enfrentar una batalla diaria en la que nuestra madre fue su aliada.

Cuando se piensa en la vida es normal que nuestra mente relacione cosas positivas: un nacimiento, respirar, sonreír, soñar, enamorarse, amar. Sin embargo, vivir también es un acto de violencia pues estamos en una lucha constante de ganarle a la muerte en cualquier sentido. Que no mueran nuestros sueños, nuestra sonrisa, nuestro amor. Evitar la muerte de aquello que nos da sentido me parece que es una batalla que vale la pena pelear. Vale la pena ser aliados de esperanza.

No dudo de que mi hermanito Pablo y mi mamá pudieran haber sobrevivido en el hospital a punta de máquinas. Sin embargo, su verdadera resiliencia fue aprender a vivir, superar las dificultades que los rodeaban y defender la convicción más humana de un vínculo que da fuerza, un vínculo que crece y nos sana. Ese vínculo nos conecta a este mundo en el que cada día luchamos.

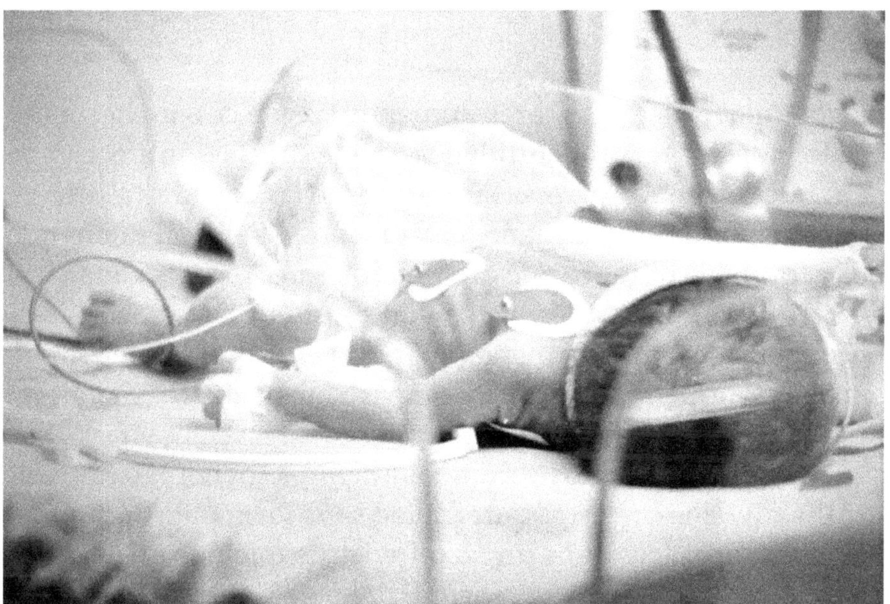

Pablo apenas unos días de nacido, usaba un pañal talla "prematuro", el más pequeño que tenían en el hospital.

La convivencia con alguien nos hace compañeros

La gran mayoría de los seres humanos crecen con un hermano por lo menos y las probabilidades de que su relación afectiva se convierta en una de las más largas que tengan son muy altas.

Para mí un hermano es un compañero, alguien que nos acompaña durante nuestro crecimiento, recorre cada paso en este camino. Los hermanos son también nuestros "pares" porque vamos más o menos a la par, caminamos de manera semejante en cada etapa, compartimos, por lo general, un mismo hogar, los mismos padres y las mismas referencias.

Ya sea que seamos hermanos mayores, menores o los famosos sándwiches, nuestra fraternidad se va formando desde edades tempranas, creamos un lazo invisible que nos une, somos compañeros de juegos y aventuras, de peleas y regaños, somos cómplices o rivales, mejores amigos o grandes competidores, todo esto significa ser hermanos.

También, como ya habrás escuchado mi estimado lector, existe una teoría de que los hermanos se cuidan entre sí. Puede ser porque es el rol designado o quizá por un instinto inconsciente o, tal vez, porque así lo mandan los adultos. Cualquiera que sea la razón la distinción de hermandad se relaciona con un sentido de protección y de cuidarse mutuamente.

De manera tradicional los hermanos se hacen por el simple hecho de compartir los mismos padres pero hay otro significado más profundo y emotivo alrededor de la palabra "hermano" que se asemeja con ser incondicional. El término "hermano" lo utilizamos para referirnos también a una cercanía afectiva, afinidad, compañerismo, amistad, por ello muchas personas eligen hermanos que no son consanguíneos pero sí tienen un vínculo especial.

Tener un hermano consanguíneo, es decir, que venga de los mismos padres, no garantiza esta construcción social en torno a la palabra hermano. No asegura que, al compartir la misma sangre, se forme una relación afectiva incondicional. De hecho, es sorprendente la estadística que revela la gran cantidad de hermanos que viven distanciados entre sí o, aún más impactante, aquellos que no se pueden ni ver a causa de la mala relación que tienen.

No es tan claro entender de qué depende que se forme un vínculo fraternal afectivo que cumpla con los requisitos socialmente concedidos e idealizados de incondicionalidad, no existe una receta para seguirla y cada familia es única y dueña de sus propias características.

El núcleo principal para relacionarnos con los demás en nuestra edad adulta se debe, en gran parte, a las experiencias y los aprendizajes que vivimos en nuestra infancia. La convivencia con alguien nos hace ser compañeros y en el caso de los hermanos somos compañeros en nuestras historias de vida. Sin embargo, el formar un vínculo fraternal afectivo es una decisión personal, responsabilidad de cada quien y sus circunstancias.

Yo me pregunto: ¿cómo formar un vínculo cercano entre hermanos con circunstancias que vienen alrededor de cualquier discapacidad?

Recuerdo que mi mamá nos decía cómo debíamos cuidar a Pablo; qué cosas sí podíamos hacer con él y qué cosas no… cómo jugar con él y cómo evitar relacionarnos con él… con qué situaciones teníamos libertades y con cuáles no.

Cuando Martín, mi hermano mayor, y yo éramos adolescentes mi mamá, en un intento de mejorar la dinámica familiar, nos pidió que colaboráramos más con los cuidados especiales de Pablo porque el día a día era agotador. Era normal que cada tanto tiempo tuviéramos un reajuste de tareas y roles en la casa y, al parecer, ésta era una de esas veces.

Martín, quien tendría en ese entonces unos 13 años, se postuló para apoyar con la "bañada" de Pablo, actividad que hasta ese momento era realizada únicamente por adultos pues implicaba un alto nivel de profesionalismo en los cuidados y precauciones, Pablo es sumamente sensible a las enfermedades respiratorias y estar mojado durante la ducha significaba una situación de riesgo. Por ello, ni Martín ni yo estábamos autorizados para bañar a Pablo. Si acaso nos permitían preparar la ropa que se pondría después del baño o peinarlo.

Mamá le agradeció a mi hermano mayor su buena disposición, para después decirle que era mejor buscar otra forma en la que pudiera ayudar. Y para mi sorpresa Martín le contestó:

—Má, si quieres que ayudemos con Pablo nos tienes que dejar ayudar. O si no tú sigue haciendo de todo para que termines súper cansada.

Mamá le contestó después de haber guardado silencio por un momento:

—Tienes razón Tin, si no los dejo no van a aprender.

No olvido ese momento en el que fui testigo de mi hermano mayor cruzando la línea que nos dividía entre niños y adultos.

Esa misma tarde, Martín tomó la pijama que se iba a poner Pablo, preparó el agua caliente en la regadera, puso música Rock a todo volumen desde su bocina e ingresó a Pablo en la regadera para, justo después cerrar la puerta del baño, a mi mamá y a mí nos dejó fuera de la escena, sin la posibilidad de calificar su desempeño como "bañador de hermanitos".

Notaba cómo mi mamá esperaba ansiosa desde nuestro lado de la puerta, caminaba de una pared a otra y decía en voz alta:

—Ya se tardó mucho, Pablo se puede enfriar... Espero que no se le olvide ponerle dos toallas al salir de la regadera y su camiseta... Ya tardaron mucho, ¿verdad?

Después de unos veinte minutos Martín y Pablo salieron triunfantes de la regadera. Pablo no tuvo efectos secundarios con el baño que le dio su hermano mayor, más bien estaba sorprendido pues, como les dije, nunca antes lo había hecho. Pablo repetía una y otra vez cómo Martín había puesto su música y lo había bañado con agua y con jabón. Había sido todo un éxito y, a partir de ese día, nos involucramos de nuevas y diferentes maneras con Pablo.

Martín no bañó a nuestro hermano menor como lo hace mi mamá, lo hizo a su propio modo, como se le ocurrió, cumplió con lo básico del agua y jabón pero, sobre todo, tuvo una forma nueva para convivir como hermanos.

Cada quien tiene formas diferentes de hacer las cosas, mi hermano mayor es un tanto más brusco, pues no se caracteriza por la ternura que quizá mi mamá y yo tenemos. Sin embargo, Pablo ama a su hermano Martín y su modo especial de tratarse. Martín lo cargaba de niño y lo ponía casi de cabeza para entonces darle unas cuantas vueltas. Pablo se doblaba de la risa en cada vuelta que le daba. A la fecha todavía continúan con esa relación, hacen cosas como tomar la silla de ruedas entre Martín y alguien más, y lanzarla al cielo con Pablo sentado en ella.

Estoy segura de que como papás o mamás sientan desconfianza sobre los cuidados de sus hijos vulnerables. Nadie los conoce tan bien como ellos y, por supuesto, nadie puede hacer las cosas como las hacen ellos. La cuestión es que, si no nos dan la oportunidad a los demás de participar con estas actividades a nuestro propio modo, es difícil que también nosotros nos conozcamos, tanto como hermanos como en nuestra relación personal con la discapacidad.

La inclusión no sólo es respecto a la discapacidad sino incluir las diferencias de cada uno de nosotros; familiares, amigos, sociedad. Mi hermano Martín necesitaba ser incluido, con todo y su forma diferente de tratar a Pablo y, justo ahí, tuvo el regalo para crecer su vínculo afectivo como hermano mayor y Pablo, de igual manera, como hermano menor de Martín.

Cuidarnos y protegernos finalmente es el objetivo de ser familia y, por supuesto, de ser hermanos. Se trata de volvernos una especie de manada y que juntos nos volvamos más fuertes. Si no hubiera sido por las oportunidades que tuvimos Martín y yo de formar un vínculo especial con Pablo no nos hubiéramos sentido capaces de acompañar a nuestro hermanito en todo ese tiempo que estuvo en el hospital, después del terrible choque automovilístico el cual hizo que nuestros papás no pudieran estar con él.

¿Cómo formar un vínculo cercano entre hermanos que experimentan circunstancias de dificultad? Estoy segura de que no hay una respuesta única a esta pregunta, sin embargo, es necesario atreverse a ir más allá de la convivencia, realmente inmiscuirse en la relación, conocerse, acercarse, ser parte, romper las barreras de la diferencia... No depende de los papás ni de la educación que se tenga, está más bien relacionado con el interés y disposición que tengamos de formar una relación como hermanos, aún con las diferentes capacidades y personalidades en esta relación especial.

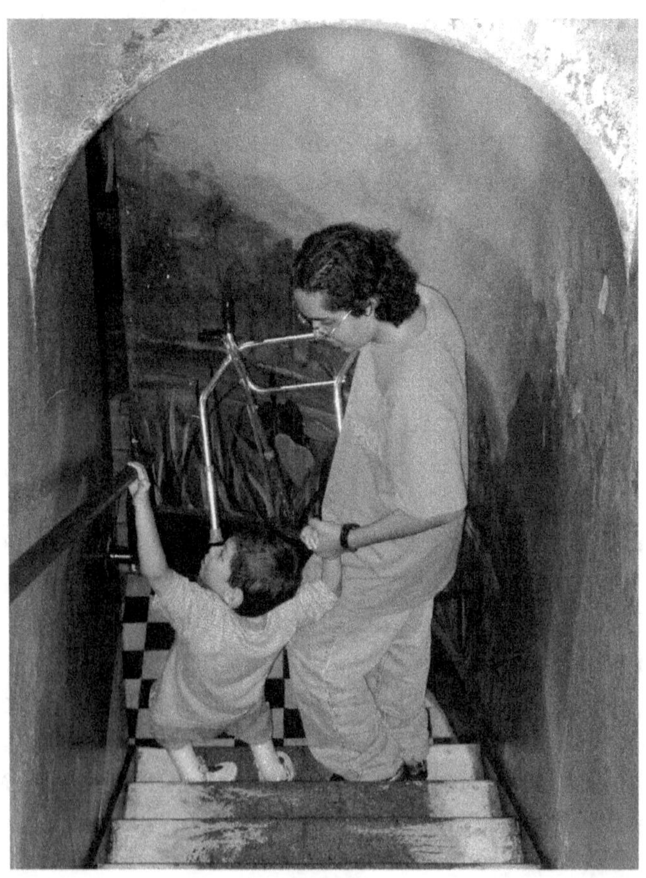

Martín y Pablo bajan las escaleras que llevan a ver a la Virgen de Los Ángeles, en Cartago, Costa Rica.

31

CAPÍTULO 2.
VULNERABILIDAD

Las personas más hermosas que he conocido son aquellas que han conocido las derrotas, el dolor, que han conocido las luchas, las pérdidas y que han encontrado su camino de salida desde las profundidades. —Beautiful people do not just happen—

ELISABETH KÜBLER-ROSS

Niño de cristal

Querido Pablo:

Creo que nunca antes te he escrito una carta, probablemente porque sé que apenas puedes leer cuentos infantiles de pocas palabras a pesar de que ya tienes 24 años de edad. Sin embargo, no encontré una mejor manera de expresarte algo que llevo guardado en mi corazón y que me gustaría compartir aunque quizá no lo entiendas. Quiero escribirte, por un momento, como si pudiéramos conectar de manera diferente, sin la discapacidad.

Estoy segura de que, en diferentes circunstancias, donde tú no tuvieras parálisis cerebral nuestra relación como hermanos habría sido única. Seríamos cómplices en muchas cosas y habríamos sido los tres hermanos, como los tres mosqueteros.

No soy tu mamá, aunque muchas veces he jugado ese

papel. Te he arrullado para dormir, te he dado de comer, te he cambiado el pañal, te he llevado a la escuela, te he enseñado cosas nuevas y, por supuesto, te he cuidado de cualquier peligro que te pueda hacer daño. Sé que son cosas que no a cualquier hermano le toca vivir y menos a unos hermanos que se llevan tan sólo cuatro años de diferencia. Yo, a mis cuatro años, todavía necesitaba que me cuidaran y protegieran, y así fue, sólo que ya era la hermana mayor de un bebito delicado y sentía que debía ser más fuerte.

Yo no estaba lista para recibirte y debo confesar que no fue grato conocerte. Cuando llegaste papá nos sacó de la escuela temprano y nos llevó al hospital donde estaban tú y mamá. Recuerdo haberme puesto de puntitas cuando llegamos a la ventana donde podíamos verte, porque no alcanzaba. Papá me cargó y finalmente pude mirarte y, si soy sincera, sentí tristeza por conocerte a la distancia y verte dentro de una pecera, conectado a tantos cables… Te veías enfermo.

A mamá no pude verla en un tiempo pero, cuando por fin la volvimos a ver, podía leerse la angustia en sus ojos, cansada y preocupada por ti. Una angustia que trataba de cubrir con una sonrisa cuando nos veía a nuestro hermano mayor y a mí, pero no hacía falta ser muy listo para saber que algo no estaba bien. La preocupación que ella vivió en ese hospital apenas ahora la puedo entender pues, ahora la vivo en carne propia contigo también en un hospital.

Martín, nuestro hermano mayor y yo, pasamos mucho tiempo con la abuelita en ese entonces. Ella nos cuidó y estuvo ahí para nosotros, aminoraba el gran extrañamiento que teníamos por mamá y papá.

Papá viajaba mucho, más de lo normal. Ahora también entiendo que era para poder pagar el hospital en el que estabas. Pero en ese entonces no entendía, sólo le pedía a Dios que lo cuidara en sus viajes, preocupada de que quizá no volviera de alguno de ellos.

Nada de esto habría pasado si hubieras nacido como nosotros, sin parálisis cerebral, sin embargo, no nos tocó esa historia; Dios te regaló el don de la discapacidad, que en realidad ha sido más un regalo para cada una de las personas que te rodeamos. Las enseñanzas que nos ha dejado tu convivencia son incontables sólo que es necesario detenernos a observarlas, para atesorarlas.

Aunque te confieso que imagino cómo serías sin tu condición especial. No dudo de que habrías traído a mamá y a papá vueltos locos pero no por tu salud sino porque seguro me hubieras ganado en rebeldía. Puedo sospechar que te hubieras convertido en un *rockstar* y que probablemente con esos ojazos verdes más tu habilidad social y tu excelente autoestima también habrías roto muchos corazones.

Lo curioso es que, a pesar de tu discapacidad, has alcanzado muchos corazones entre esos el mío desde muy pequeña. Crecer contigo fue jugar con un hermanito que en cualquier momento podía convulsionar y yo tenía que saber pedir ayuda para que no te pasara nada. No sabía cómo cuidarte porque algunas veces, cuando lo hacía, algo te pasaba y me sentía responsable. Fui especialista en poder entender, desde muy niña, la fragilidad de la vida pues en cualquier momento nos podías dejar debido a tu delicada condición.

Aprendí a hacerme responsable de cosas que mis amigas, por ejemplo, no conocían. Buscaba a toda costa ayudar a mamá y a papá contigo y nunca fue algo malo para mí; por el contrario, me encantaba cuidar de ti. Eras como un niño de cristal que fácilmente se podía romper.

A pesar de ser quebradizo desde muy pequeño tenías tu carácter. Si te enojabas no faltaba "la garrita" que nos arañaba con esas pequeñitas uñas o no se digan los majestuosos berrinches que has perfeccionado conforme han pasado los años. Tiranosaurio Rex, te llamábamos.

Sin embargo, así como eras frágil y de carácter fuerte, tu personalidad cariñosa y tierna siempre ha sido distintiva de ti. Con abrazos, besos y caricias, rompes los caparazones más fuertes y nos comunicas todo, sin la necesidad de apoyarte en las palabras.

Me fascina tu detector emocional, siempre he pensado que es increíble. Puedes percibir cuando alguien está triste aunque digan lo contrario y siempre estás listo para brindar consuelo. Tu vulnerabilidad te ha hecho empático a las emociones por naturaleza. Vives el enojo intensamente, reaccionas emocionalmente si alguien está molesto y, a la vez, te contagias fácilmente de alegría, aunque tu mente pueda estar decidida a molestarse.

Pablo, mi pequeñín hermano, el Peter Pan que nunca creció. Quiero contarte de aquella vez que estabas en el hospital donde también rompiste mi caparazón. Gracias a ti pude ver la vida desde la cercanía de la muerte y así me diste el regalo de la humildad y la gratitud.

Recuerdo que salías de una operación quirúrgica, otra de las tantas que ya llevabas a causa de ese terrible accidente. El día anterior, uno de tus doctores me había dicho de frente que te estabas muriendo y que ellos hacían lo posible para impedir eso, pero me pidió que debía de ser fuerte y estar preparada para las malas noticias.

Cada intervención quirúrgica que tenías se volvía una redada de oración de tantas personas, incontables personas, todas pedían por tu vida. Me impresionaba la cantidad de gente que preguntaba por ti y que buscaba cada día noticias de tu estado.

Esta vez la operación era en tu pulmón causaba problemas para que pudieras recuperarte de tus otras heridas. Yo esperé en tu habitación que, por cierto, ya estaba bien decorada con dibujos y juguetes, la pusimos lo más parecida a casa que pudimos. Junto conmigo esperaba tu maestra Peque quien fue un ángel para nosotros en ese tiempo.

Vimos entrar al doctor con todo el equipo de enfermeras y otros médicos, te traían en camilla para que pudieras descansar de la intervención. Todavía venías dormido por la anestesia que te habían dado. En eso, puse atención en la mirada del doctor; lo decía todo, no había salido bien.

Tu pulmón había colapsado y no pudieron hacer lo que necesitaban para ayudarte a respirar, así que la siguiente y única opción que tenían era hacerte una traqueotomía, significaba un agujero en tu tráquea para que pudieras respirar y ellos pudieran sacarte las flemas con más facilidad. Era bueno, pero ya no ibas a poder hablar.

¡Hablar!, era nuestra mejor herramienta, eso que te hace especial entre tantas personas con parálisis cerebral. Aunque tu mente sea como la de un niño pequeño, podíamos hablar y así yo te tranquilizaba y tú me tranquilizabas. ¿Cómo te iba a poder acompañar en toda esta dificultad si no hablabas?

El doctor se fue y yo te miré. Tus ojos todavía permanecían cerrados y sumamente hinchados, probablemente porque habías llorado. Todo tu cuerpo estaba tan inflamado que era doloroso verte. Tus labios, con un color casi morado, también hinchados y resecos por haber tenido, durante las cuatro horas de la intervención fallida, un tubo insertado a través de tu garganta que te ayudaba a respirar.

Mamá y papá no estaban para decirme qué hacer, también habían sido víctimas del accidente y lidiaban con su propia recuperación. Esta fuerza que me había pedido el doctor el día anterior no la pude encontrar por ningún lado. Quebré en un llanto silencioso, enojada con Dios por todo esto que pasabas. También estaba enojada conmigo por no poder hacer más por ti y por ser incapaz de cuidarte, como lo intentaba desde que tenía cuatro años de edad.

En ese momento tan difícil sentí una mano que tocaba mi mejilla con delicadeza y escuché tu voz, ronca, como si salieras de una tumba, dijiste: "oh, hermanita, ya pasó… Ya, ya… ven conmigo". No lo podía creer. Creo que lloré un poco más cuando me hice consciente de que tú me consolabas a mí. Tú, que tenías todo el derecho de desahogarte y hacer cualquier tipo de reclamo, con tu cuerpo colapsado… Tú consolabas a tu hermana porque se sentía triste. Simplemente fue algo tan poderoso que me marcó profundamente.

Tu empatía, esa humanidad que tienes, fue más fuerte que tu propia condición física. Justo después de ese llanto y de esa caricia en mi mejilla encontré fuerza donde ya no veía. Tu maestra Peque se rió contigo, sonreía por tu valentía y por seguir siendo tan tú aún en las condiciones en las que te encontrabas.

No importaba si no hablabas, la comunicación que tuviste conmigo al acariciar mi cara con tu mano fue tan profunda que no encuentro palabras para describirla, no las hay.

Mi querido hermanito, recuerdo también que estuviste más delicado después de ese día, tanto que tuvieron que inducirte en coma. Todos queríamos cumplir tu sueño de volver a casa, pero no podíamos llevarte. Llegó el día en que dijiste: "Ya me cansé de ser valiente".

Habías sido el más valiente y yo nunca antes había sentido tanto miedo de perderte. Pero ya habías sufrido tanto que una parte de mi quería que descansaras. No podía sanar tus heridas aunque lo deseaba con el alma… sólo pude acariciar tu cara, abrazarte, subí contigo a tu cama de hospital y estuve ahí a tu lado acompañándote.

No tuve a ese hermano *rockstar* rebelde, al menos no de la manera convencional. Te tuve a ti, un hermano de cristal y no tengo palabras para agradecer el tesoro que eso ha significado para mí. Nuestra relación como hermanos sí resultó ser única y también somos los tres mosqueteros aunque de una manera muy diferente a la de las historias de héroes pero no lo cambio por nada del mundo.

Si pudiera quitarte la discapacidad lo haría sin dudarlo dos veces. Pero esta sería yo, nuevamente en mi afán de facilitarte las cosas en la vida y de cuidarte sin saber realmente cómo. Sin embargo, no puedo quitarte las dificultades o quitarte el dolor físico con el que sé que vives cada día. Lo único que puedo hacer es acompañarte y creo que finalmente eso hacen los hermanos.

Me encantaría poder expresarte con estas letras el enorme agradecimiento que siento con el regalo de tu hermandad y que pudieras entenderlo, quizás intelectualmente. Pero de las muchas cosas que me has enseñado, una de ellas es que no se necesitan palabras para la gratitud o el amor sino humanidad.

Gracias hermanito, soy privilegiada de ser tu hermana.

Selfie de Daniela y Pablo con los inseparables "Beto y Enrique" escondidos detrás de él.

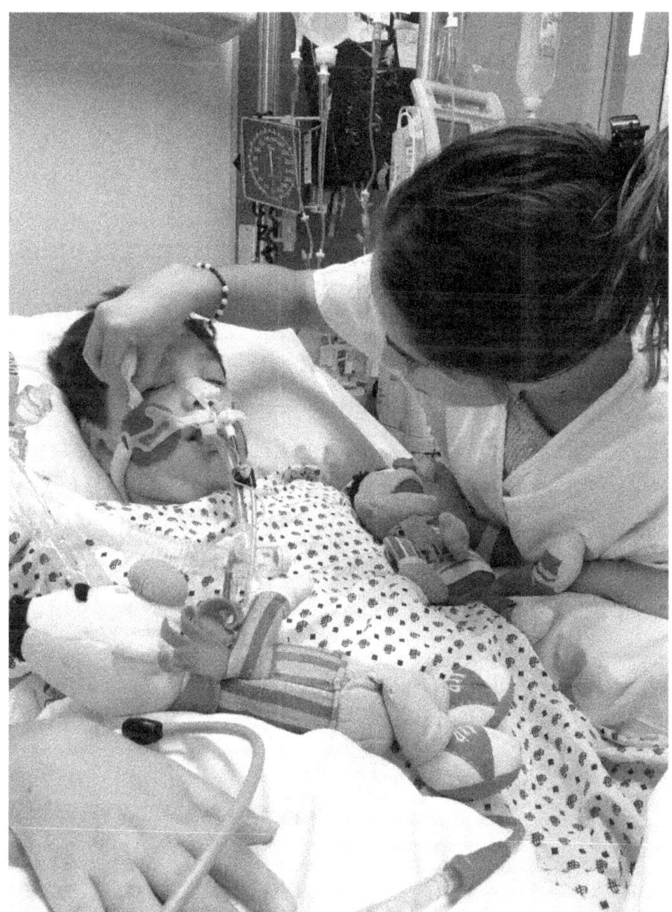

Pablo y Daniela en el hospital. Él con su estómago abierto con la máquina VAC y en un coma inducido.

De parálisis a parálisis

Más adelante les platicaré cómo me caí patinando un domingo, a un mes de cumplir 19 años de edad. Sin embargo, mi querido lector, me gustaría hablarte del resultado de esta caída. Sin imaginármelo esa caída significó una de mis más grandes experiencias porque me conectó con el tema de la discapacidad y, además, dio un giro a mi forma de entender la parálisis.

La caída fue escandalosa, quizá más de lo que debió haber sido. Además de raspaduras y golpes me dejó una quemadura de segundo grado en la pierna izquierda causada por la fricción con el pavimento al momento de mi deslizamiento. Caer con estilo, le dicen, o bien podemos llamarle azotar después de pivotear, dar bruces con elegancia, romperse la crisma sin parpadear, darse en toda la mmmm... por "güey". En fin, llámale como tú quieras, piadoso lector.

También me gustaría agregar, a la imagen visual de esta caída, un buen golpe en la rodilla izquierda que me llevó a necesitar de una muleta por un par de semanas y lo más notorio de todo: tuve un golpe final pues el freno terminó siendo mi barbilla que aterrizó sobre una roca pequeña y filosa, me dejó una chiquita pero profunda cicatriz, de las típicas que se recolectan en la infancia.

Durante un par de meses fui un personaje lastimoso a quien se le podía ver caminar de forma rara por los pasillos de la universidad, acompañada de mi barbilla inflamada, la cual me hacía parecerme bastante a Popeye el marino. Estaba triste y con mucha prisa por estar bien lo antes posible.

Supuestamente debía reposar, meditar y descansar, sin embargo, en mi afán desesperado de no perderme a mí misma procuraba hacer lo opuesto a las recomendaciones. Me movía aceleradamente y llenaba mi mente de preocupaciones y anticipaciones, todo por el miedo a quedarme quieta pues sabía que detenerme significaba que la tristeza me podía alcanzar.

Soy una mujer activa y en general me distingo por tener

una chispa de entusiasmo constante, movimiento y alegría. Con los estragos de la caída perdía esta importante distinción y, sin darme cuenta, sentía que me perdía a mí misma. Tenía muchos amigos pero prefería estar sola, incluso si se trataba de mi familia. Si decidía estar sola quería pensar que era por mi decisión y así no darle la oportunidad a los demás de abandonarme.

Habían pasado unos eternos cinco o seis días de aquella caída en patines, y el fin de semana volvió para recordarme lo mal que me sentía. Unos amigos habían ido a la casa para acompañarme a ver películas pues evidentemente yo no podía salir. Por ninguna buena razón, me esforcé en ser buena anfitriona para mis amigos y sacar la chispa de entusiasmo que no tenía, me quedé agotada en el intento y con un enorme dolor de cabeza. Cuando finalmente se fueron me tomé un par de pastillas poderosas y me tiré en la cama, esperaba que la noche se encargara de repararme.

A la mañana siguiente desperté temprano (para mi sorpresa) y, curiosamente, me sentía peor que como me había acostado. Mi dolor de cabeza permanecía fielmente conmigo, pero no era mi malestar principal, me sentía fatal y no lograba identificar por qué. Algo no estaba bien y estaba a punto de descubrirlo.

Fui directo al baño para lavarme la cara pues tenía la sensación más extraña y me pareció conveniente despertarme a mí misma con agua fría en el rostro. Abrí la llave, tomé el agua en mis manos y la eché sobre mis ojos. Sentí instantáneamente como si en lugar de agua me hubiera frotado con navajas que arremetieron contra mi ojo sin ninguna explicación. Pero, ¿por qué el agua me lastimaría tanto?

Volteé confundida a mirarme en el espejo, trataba de descubrir lo que me había causado ese daño en el ojo. Al ver mi reflejo noté que mi ceja, que siempre ha sido bastante visible con su color café oscuro, no se movía ni medio milímetro. Traté de hacer más movimientos con mi cara y cerrar mi ojo con todas mis fuerzas pero seguía con mucho dolor. Sólo logré asustarme peor pues pude ver cómo toda mi cara se deformaba en el intento. No sólo mi ceja izquierda estaba paralizada sino todo el lado izquierdo de mi cara.

No sabía lo que me estaba pasando pero esta vez debía tratarse de algo muy grave. ¿A quién se le paraliza la mitad de su cara de un día para otro?

Un domingo antes, cuando caí con mis patines, tardé en recuperar mi visión normal, vi muchas luces y grandes gotas de sangre que caían de mi barbilla. Vi también mi piel al descubierto por la quemada de mi pierna y vi lo que pensé que eran mis dientes sobre la banqueta que al final resultaron ser sólo piedritas de mi pulsera que se había roto. Toda esta impactante imagen la vi frente a mí y jamás perdí el control. Me preocupé más por lo que viera mi prima de diez años que estaba conmigo, y su posibilidad de traumarse con aquella imagen de mí, pero aún así guardé la compostura y la calma.

Esta vez no fue así. Al verme al espejo observé cómo mi cara llena de preocupación se desfiguraba unilateralmente pues el otro lado estaba tan inmóvil que era perfecto. En cuestión de segundos me era imposible tomar aire y comencé a jadear por migajas de oxígeno. Corrí como pude al cuarto de mi mamá, necesitaba ser salvada. Ella se estaba bañando cuando llegué a tocar la puerta descontroladamente hasta que salió de la regadera. Envuelta en su toalla me dijo:

—Ya no hay privacidad —todavía no se daba cuenta de que su hija se ahogaba —¡Dany! ¿Qué te pasa Dany? ¿Estás bien?

Yo trataba de contestarle pero ni siquiera podía pronunciar la palabra "mamá". Estaba teniendo un ataque de ansiedad acompañado de una indeseable taquicardia en la que sentía que mi corazón palpitaba a mil por hora sin descanso. Entre una de mis bocanadas desesperadas por aire, pude decirle a mi mamá: "Mi… haaa, ca… haa, ra… haaa, no… se… haaa, mu heee… ve…".

No tengo ni idea qué habrá pensado mi mamá en ese momento sobre todo durante esos segundos de silencio que se sintieron eternos cuando sólo se escuchaba mi intento ahogado por respirar. Seguro que tampoco se lo esperaba pues, al igual que yo, debe de haber pensado que lo peor de la reciente caída en patines ya había pasado.

Me tomó por los hombros con sus dos manos y me dijo:

—A ver Dany, ¡TRANQUILA!... ¡ES NORMAL! Le voy a llamar al doctor y lo vamos a resolver. Necesito que respires y te tranquilices.

Yo trataba de respirar mientras pensaba en sus palabras de "es normal"… Supuse que si ella lo decía era porque debía ser cierto. Aunque nunca antes hubiera escuchado de alguien que se levantara con la cara paralizada.

Mi mamá hurgó en sus cajones hasta que encontró una bolsita de papel al estilo del doctor Chapatín de Chespirito. Tal cual como lo había visto en las películas me senté en la cama, coloqué la bolsita en mi nariz y boca y me dispuse a respirar. Veía cómo se inflaba con mi exhalación y se desinflaba con mi inhalación, increíblemente funcionó. Llegó un punto donde la velocidad en la que inflaba y desinflaba la bolsita de papel era más "tranquila"… por lo menos la sensación de quedarme sin aire se había terminado y mentalmente también me había entretenido al observar la bolsa.

Se trataba de una parálisis facial en el lado izquierdo de mi cara. Jamás en mi vida había escuchado que eso existía y mucho menos que fuera algo común, que podía pasarme a mí o a cualquiera. Resultó que mi mamá tenía razón en que era "normal" aunque al tiempo me confesó que cuando me vio ella tampoco tenía ni idea de qué me pasaba.

La parálisis facial se mide en seis niveles según su gravedad. Yo alcancé el nivel más alto: seis de seis, parálisis total. Lo que en pocas palabras significaba que no podía mover absolutamente nada del lado izquierdo de mi cara.

Mi párpado era el más complicado pues no cerraba ni aunque tuviera un objeto punzo-cortante que amenazara mi ojo. Todas las noches tenía que dormir con una cinta especial que obligaba a mi parpado a cerrarse y proteger el ojo no sin antes untar un gel (lo hacía mi mamá, yo nunca pude) que prevenía la aparición de alguna úlcera pues al no lubricar mi ojo por sí solo la córnea corría mucho riesgo.

Después de ese día dejé de mirarme al espejo, no quería ver a nadie ni que nadie me viera a mí. Se apagó esa chispa de entusiasmo por la que me conocían, tan rápido como cuando se sopla una vela y sólo queda el humo de lo que alguna vez fue fuego. Ya no había rastro de esa inquietud que parecía infancia aunque, siendo sincera, ni siquiera encontraba intención para salir a buscarla. Sin embargo, para mí lo más difícil de asimilar fue que la parálisis me quitó aquello que había sido mío toda la vida: mi sonrisa.

Finalmente, aquello que me daba tanto miedo me alcanzó. Se llama tristeza y a veces la llaman soledad.

Qué increíble que al ser una de las principales promotoras de vivir la vida al máximo sin importar las circunstancias me viera ahora sumergida en una depresión que cobijaba enojo y tristeza. Y, sin esperarlo, resultó una de las lecciones más grandes de mi vida.

Toda esta experiencia significó un gran acercamiento al mundo de la discapacidad. Algo así como asomarme apenas en el marco de la puerta pero sin entrar. A pesar de que he vivido con mi hermano Pablo y su parálisis cerebral tuvo que ocurrirme un accidente que me paralizara de distintas maneras, para que comprendiera que el centro de la relación con la discapacidad, habita en la aceptación.

La discapacidad me recuerda al juego de niños de las escondidas. Un niño que se esfuerza por esconderse bien, sin lograrlo, elige el peor de los escondites que queda visible a los ojos de todos pero tiene infinita confianza de que si cierra sus ojos fuertemente, incluso tapándolos con sus manos para no ver a los demás, los demás no lo verán a él. Un poco con la lógica de: "Si yo no los veo ellos no me ven". Con la discapacidad pasa así, nuestro primer instinto es no verla, cerramos fuertemente los ojos, la evitamos, la negamos... no importa que esté ahí visible para todos, cerramos los ojos con fuerza para no ver.

Sin embargo, quiero decirte atento lector que, a diferencia del juego tan conocido de las escondidas, abrir los ojos en la discapacidad no significa "perder" el juego, por el contrario, solamente cuando miramos la realidad es que tenemos la oportunidad de ver el regalo que viene junto con cada dificultad.

Las crisis son y siempre han sido oportunidades de crecimiento. Así como tenemos la oportunidad de aprender de nuestras experiencias (especialmente las más difíciles), también tenemos la oportunidad de padecer nuestras circunstancias y ser víctimas de lo que nos sucede.

Yo tuve la oportunidad de vivir una parálisis para entender otra, aquella cerebral con la que vive mi hermano desde su nacimiento. Gracias a mi inmovilidad facial pude sentir una milésima parte de lo que mi hermano menor puede sentir con su discapacidad cerebral y darme cuenta de que ninguna parálisis nos define.

Pablo mi hermano es un verdadero guerrero todos los días de su vida y gracias a él soy testigo de todo el amor que estas luchas pueden dejar a su paso. Pero me doy cuenta de que debemos acercarnos y respirar las batallas para poder comprenderlas pues la belleza no se aprecia desde la distancia.

He escuchado que el ser humano se adapta a todo, aún hoy no sé si esto sea real. Lo que sí puedo afirmar es que está en nosotros elegir cómo vamos a contar nuestra historia. ¿Somos guerreros o somos víctimas?

A los cuatro meses de que me dio la parálisis en el lado izquierdo de mi cara, faltaban un par de días para recibir el año nuevo, poco a poco hice las paces con mi nueva realidad o como se escucha en tiempos de pandemia: "mi nueva normalidad". Me encontraba bastante recuperada de los rezagos de mi caída en patines pero parecía que mi recuperación añorada del nervio facial venía en una procesión de rodillas a inimaginables kilómetros de distancia, pues no se vislumbraba todavía.

Para entonces ya había aprendido a verme al espejo sin romper en llanto ni odiar lo que veía. De hecho, de alguna manera aprendí a cuidarme, le hablaba a mi cara como si mi nervio fuera un ser independiente a mí. Cuando hacía mis ejercicios de rehabilitación encontraba tranquilidad al pedirle a mi cerebro que le dijera al nervio que le dijera a la ceja que se moviera. Y así podía pasar hasta horas observando pacientemente mi reflejo de cerca como si el mirarlo fijamente fuera a hacer alguna diferencia; le pedía a mi cerebro que le dijera al nervio que le dijera a mi boca, a mi nariz, a mi cachete, a mi frente… que se movieran.

El sentido del humor ya había aparecido también en mi circunstancia. Lo que al inicio podía hundirme ahora lo tomaba con gracia, cosas como: "Dos caras", "señorita chueca", "la chica Botox". Aunque mi sonrisa todavía dormía era capaz de reírme con honestidad y entonces me di cuenta de que había aprendido a reír sin sonreír.

En vísperas de Año Nuevo cenábamos en casa de mis abuelos toda la familia reunida. Varios miembros de mi familia, en distintos momentos, me decían lo bien que me veía, al referirse que me notaban más recuperada. Esto por supuesto era música para mis oídos pues significaba que poco a poco sanaba, al punto de verme más balanceada en ambos lados de la cara. Lamentablemente ese mismo día me di cuenta de que no era así.

Me dolía la cara y no sólo el lado izquierdo en el que había padecido la parálisis.

Me retiré de la mesa donde estábamos sentados contando anécdotas y fui a verme al espejo del pasillo. Quería desentumir mi cara con movimientos pero me di cuenta de que, por más que me esforzara, mi nariz no se movía absolutamente nada, de ninguno de los dos lados de la cara. Entonces vi también que mi ceja en el lado derecho de mi rostro se movía apenas un poco y con dificultad. ¡Imposible!

Entendí en ese momento que los demás me habían visto más balanceada en ambos lados de mi cara pero no porque mejorara sino porque el otro lado de mi rostro también se estaba paralizando.

Me acerqué con mi mamá en medio del festejo familiar y discretamente le comenté al oído:

—Mamá, se me está paralizando el lado derecho de mi cara, llama al Doctor por favor.

Mi mamá me miró con sus ojos azules bien abiertos. Inmediatamente se levantó alarmada y comunicó el nuevo suceso al resto de la familia quienes seguían en la sobremesa. Todos se levantaron inmediatamente y comenzaron a caminar de un lado a otro, buscaban teléfonos, medicinas, yahoo respuestas... Sin duda, estaban preocupados.

En voz baja les dije que iba a estar arriba y, sin esperar respuesta, subí al cuarto de mi tía, me senté y comencé a respirar profundamente, recordé cómo lo había hecho cuatro meses atrás con aquella bolsita de papel. Sentí la libertad de hablarle a mi nervio facial pues ya llevábamos una relación de confianza. Le dije que podía relajarse, que íbamos a estar bien.

—Es como ganarse la lotería. —Explicó mi neurólogo cuando supo que mi lado derecho de la cara se había paralizado también.

—Vaya suerte. —Pensé.

Quizás era un buen momento para comprar boletos de lotería. Sin embargo aunque pueda mirarse como la peor de las suertes, tirando a tragedia, para mí no fue así. De hecho al final resultó ser una verdadera fortuna.

Gracias a esa segunda parálisis facial pude recuperarme de la primera. El avance que no se había visto en cuatro meses sucedió a pasos de gigante en los días posteriores a la segunda parálisis. Tomé nuevamente los medicamentos necesarios y solté el control total de mi situación, se lo dejé a Dios cosa que antes no había entendido. Renuncié a tener prisa y comencé a disfrutar mi ser "delicada".

Entre todos los estudios que me hicieron detectaron que también tenía anemia crónica así que me dispuse a aprender a comer bien y empecé a acudir a una casa antigua en el centro de Guadalajara donde daban terapias naturistas. Entre ellas estaba la terapia de oxígeno que básicamente consistía en respirar oxígeno a través de una mascarilla durante una o dos horas.

Dentro del cuarto donde respiraba oxígeno podía contemplar la lluvia distintiva de mi ciudad, acompañada del sonido más exquisito de agua cayendo en cantera y mi olor favorito de tierra mojada. Para mí fueron vacaciones, me dieron la oportunidad de aceptarme en mi condición y seguir respirando.

En ese tiempo mi papá me escribió una canción que me marcó y me dio esperanza en medio de la dificultad que atravesaba. "Volverás a sonreír" fue el título de esa canción. Pude observar mi "enfermedad" con una mirada diferente, entendiendo que no me quitaron mi sonrisa sino que estaba conmigo todo el tiempo sólo que jugaba a las escondidas y finalmente la encontré después de haber acompañado a mi tristeza y, aunque no la podía ver físicamente, la sentía.

Un buen día volví a sonreír pero con mejor sonrisa.

Daniela y su papá en Noche Buena cuando le regaló la canción "Volverás a Sonreír", días antes de la segunda parálisis facial.

Daniela y su papá en Noche Buena cuando le regaló la canción "Volverás a Sonreír", días antes de la segunda parálisis facial.

CAPÍTULO 3. EMOCIONES NEGATIVAS

El miedo es la más grande discapacidad de todas.

NICK VUJICIC

Big brother

Mi estimado lector, habrás escuchado anteriormente acerca de la importancia que tiene en nuestra personalidad el orden en el que nacemos con respecto a nuestros hermanos. Por ejemplo, el gran peso que pueden llevar los hermanos mayores con las muchas responsabilidades que los padres les suelen cargar o bien, sabrás lo que se dice sobre los hermanos menores, lo consentidos que pueden llegar a ser y seguro también has oído lo egocéntricos que pueden ser los hijos únicos.

Los hermanos mayores pueden desarrollar un sentido de protección hacia los hermanos menores debido a un derecho de exclusividad a molestarlos, en el que no se permite que nadie más lo haga o porque realmente se preocupan por ellos y quieren cuidarlos. Aunque no existe ley porque también hay hermanos menores que cuidan a sus hermanos mayores por diferentes situaciones de vida y lo hacen con gusto... o no.

Las relaciones entre hermanos pueden ser de las relaciones más largas que tengamos en nuestras vidas y traen uno de los vínculos más importantes y cercanos que podamos tener. También es cierto que existe una gran cantidad de hermanos que no pueden ni verse a la cara, que han desarrollado un vínculo de serios resentimientos.

La relación entre hermanos, ya sea que se lleven bien o se lleven mal, es finalmente una respuesta a nuestras decisiones de vida y a los caminos que elegimos conforme tenemos experiencias: buenas y malas.

Siempre he considerado que culpar a los padres de las malas relaciones entre hermanos es una excusa muy pobre y cómoda. La relación, cercana o lejana, es responsabilidad de los hermanos. Claro que los padres pueden brindar un terreno fértil de convivencia que impulse a tener relaciones familiares unidas mas no significa que sea su deber conseguir vínculos fraternales incondicionales. Hay veces que parece que los papás cometen muchos errores, sin embargo, el vínculo entre hermanos es inquebrantable a pesar de sus padres.

Culpar a alguien nos puede liberar de la sensación de haber fallado ante algo de lo cual nos sentíamos responsables. La culpa nos hace sentir un enojo auto-dirigido hacia nosotros mismos que fácilmente se puede convertir en tristeza o en emociones de connotación negativa.

Cuando señalamos a alguien buscamos hacerlo responsable de esos sentimientos desagradables, nos deslindamos de la posibilidad de generar aprendizajes que la culpa nos puede brindar porque, al igual que otras emociones, tiene su función de ser, no sólo existe para hacernos sentir mal. Si nos damos la oportunidad de escucharla la culpa nos guía a la reflexión sobre lo que no nos gustó o cómo nos hizo sentir y que quizá sea bueno cambiarlo. La culpa nos impulsa a aprender de aquello que nos hace sentir mal para entonces transformarlo en experiencias de crecimiento para el futuro.

Cuando todavía éramos niños, un domingo como cualquier

otro, escuchábamos misa... por lo menos mis papás seguro lo hacían, yo en lo particular me distingo por ser distraída así que es probable que mi atención no estuviera exactamente en las palabras del sacerdote pero procuraba comportarme. Aquel domingo en particular había una familia sentada en la banca de enfrente con un niño de unos cinco o seis años quien comenzó a voltear constantemente hacia nosotros, de reojo o volteaba su cabeza. Noté cómo miraba a Pablo mi hermano en su silla de ruedas. Llegó un momento en que voltear ya no fue algo discreto sino que se giró por completo para poder observar a Pablo y verlo detenidamente de arriba abajo con total indiscreción.

Yo tendría unos ocho o nueve años y me sentí lo bastante madura como para ser la justiciera de esa incómoda situación. No podía creer el descaro de ese niño y lo que probablemente pensaba de mi hermano menor.

No pude evitar imaginarme que lo criticaba o que pensaba que mi hermanito era raro o incluso feo. Seguro tenía una mala opinión acerca de las férulas que llevaba en sus piernas pues no dejaba de verlas, y no era fácil de entender, a mí también me costaba trabajo comprender la necesidad de que usara esa armadura en sus piernas.

El niño no se tomaba la más mínima molestia en disimular, veía la silla de ruedas por varios segundos luego miraba las férulas en las piernas de mi hermanito y también permanecía ahí un tiempo incómodo, finalmente veía a Pablo cara a cara quien, por cierto, no le prestaba la más mínima atención. Por mi parte empecé a sentir un enojo hacia el pequeño niño, a quien nunca antes había visto, por sentir que pensaba mal de mi hermano menor. Repentinamente nació en mí una sensación de responsabilidad hacia mi rol de hermana mayor. No quería hacer una escena que me fuera a costar un regaño pero sí quería intervenir en pro de la justicia.

Esperé el momento adecuado y, cuando el sacerdote nos pidió que nos pusiéramos de pie, yo me levanté y me coloqué enfrente de Pablo para interceptar la mirada del pequeño mirón atrevido. En cuanto el niño y yo hicimos contacto visual le dije claramente:

—¡¿Qué le ves?! —con una velocidad lenta, un tono rudo y una actitud empoderada.

El niño me miró con sus ojos grandes, parecía algo asustado y quizás apenado e inmediatamente se volteó de regreso para por fin darnos la espalda.

No volvió a mirar a Pablo durante toda la misa, sólo al salir volteó de reojo pero esta vez a verme a mí. Y yo, orgullosa de mi desempeño como hermana protectora, mantuve mi ruda actitud que irradiaba un: "no se metan con mi hermanito". Pero, por alguna razón, yo no me sentía del todo ganadora.

Curiosamente, han pasado años y este niño que sólo vi aquel día en misa no se me ha olvidado. No fue el primer niño que se le queda viendo a alguien que es diferente, como Pablo, ni será el último que lo haga. Pero sí fue el niño con el que yo, a medida que crecía, sentí culpa y algo de vergüenza por haberlo asustado y haber sido grosera con él. Gracias a él y a su mirada asustada fue que pude reflexionar sobre mis emociones y aprender que lo que hice no fue algo que me hiciera sentir bien.

Me ha costado mucho trabajo y muchos años poder entender que no toda la gente tiene consciencia o cercanía con personas con algún tipo de discapacidad. Lo que para mí puede ser el pan de cada día para alguien más puede ser un mundo completamente nuevo por conocer y yo, al igual que tantas familias de personas con discapacidad, tengo la posibilidad de acercarlos a este increíble mundo.

Hace un par de años estaba en misa con Pablo y mi familia y una niña chiquita veía a Pablo y a su silla de ruedas, su mamá la regañó y la jaló del brazo para que dejara de observar. Yo no pude evitar el recuerdo del niño que años atrás probablemente asusté por haber mirado a mi hermano. Definitivamente no quería volver a sentir esto, pero cuando terminó la misa la niña pasó cerca de nosotros junto con su mamá y yo me apresuré para llamarla e invitarla a que se acercara a saludarnos, Pablo desde lejos ya le decía "hola". La mamá la dejó acercarse, me agaché para estar a su nivel y, con una sonrisa, le presenté a mi hermano. Le expliqué por qué él usaba silla de ruedas, le dije que él no podía caminar solito como lo hacíamos ella o yo y entonces la niña al mirar a mi hermano comenzó a hacerme todo tipo de preguntas: "¿y por qué no puede caminar?, ¿qué es eso que usa en sus piernas?, ¿le duele tener que usar eso?, ¿y por qué tiene que estar en esa silla?".

Yo me maravillaba mientras le explicaba, lo mejor que podía, cada una de sus inocentes preguntas. Pablo reafirmaba todo lo que yo le decía a la niña, lo repetía después de mí y añadía que ella ya tenía que irse con su mamá.

Eso fue todo, nos despedimos de la niña y a la distancia también de su mamá quien por alguna razón no se acercó. La pequeña niña se fue con una sonrisa en su cara mientras que yo me quedé con una agradable sensación parecida a cuando haces un nuevo amigo. Sabía que ella no conocía la discapacidad y Pablo y yo tuvimos la oportunidad de presentársela como si presentáramos a un amigo.

Existen distintas investigaciones psicológicas que afirman el impacto que tiene en nosotros y en nuestra forma de ser el lugar que ocupamos en la familia, esto no significa una condena sino una forma de mirarnos y conocernos mejor a través de lo que nos ha tocado vivir en la infancia y en nuestro desarrollo.

A mí me tocó ser sándwich lo que implica la experiencia de ser hermana menor y hermana mayor. Con la discapacidad es común que haya hermanos menores que terminan siendo como hermanos mayores pues el retraso mental o de desarrollo no permite algo diferente.

Existe una expectativa integrada a los hermanos en donde esperamos vivir a un nivel semejante pues nos parecemos; tenemos los mismos padres, la misma casa, la misma educación... al menos en general. Sin embargo siempre somos diferentes y lo descubrimos conforme crecemos, no necesariamente porque alguien nos lo señale.

No se trata de hacer que los demás se parezcan a nosotros para estar bien ni tampoco cerrarnos en nuestro pequeño mundo donde tenemos que defendernos de aquellos que nos vean o que piensen diferente. La invitación es a abrirnos a distintas perspectivas y tratar de compartir la nuestra desde una mirada amorosa, presentar un punto de vista diferente algunas veces es mejor.

La inclusión a las discapacidades es trabajo de todos, no sólo de aquellos a los que "nos tocó" estar cerca sino también de los que no tienen ni idea de qué se trata.

Pablo sentado en su silla de ruedas azul que le duró muchos años. En su pierna izquierda se alcanza a ver la férula que usaba y que llamaba mucho la atención.

Flores para mami[1]

Carlos me miró y comenzó a platicarme:

Ver a mi hermano Esteban quien me esperaba para ir a misa, porque así le habían pedido que lo hiciera, me llenaba de un dolor tan fuerte ahogado en mi pecho que temía que nunca se fuera a quitar. Sabía que él no tenía idea a lo que íbamos. No podía evitar que mis ojos se cristalizaran y mi garganta se cerrara. Si parpadeaba fuerte los demás notarían mis lágrimas.

Él estaba sentado en la sala de entrada, me esperaba con unas flores en sus manos, se veía tan elegante, mi padre le había puesto el traje que había usado el día de mi boda, corbata, zapatos y saco, estaba bien peinado con gel, llevaba el cabello de lado.

Esteban levantó su mirada y, al verme, se le iluminó la cara y dibujó una hermosa y enorme sonrisa.

—¡Caloooos! —exclamó mientras celebraba mi llegada. Tomé un respiro profundo y me acerqué.

—Hola "Steve", ¿ya estás listo?

—Miya Calos, miya, miya. —Impacientemente me mostró las flores que sostenía en sus manos mientras daba pequeños brincos— Floes, floes... son pa-la mami. Papá dijo pa-la mami.

Desde que lo recuerdo mi hermano Esteban ha sido así de entusiasta y transparente. Es alto, mide 1.86 cm, de complexión robusta o "fuertecito", como solía defender mi madre. Físicamente no aparenta tener discapacidad intelectual por lo que es común que las personas se le acerquen con un trato "normal" y se sorprendan al descubrir a un niño pequeño escondido en un cuerpo de adulto.

En la familia éramos cinco. Mis papás y los tres hermanos. Esteban es el mayor, del que ya les hable un poco; tiene 41 años de edad y, aunque es el más grande de los tres, hubo un punto en la infancia en el que César y yo lo rebasamos para convertirnos nosotros en los mayores.

César es el que sigue y a quien vemos como el hermano mayor. Tiene 39 años, ingeniero, también casado y con dos hijas pequeñas. Han tenido los últimos meses preocupaciones económicas pues recientemente quedó desempleado a causa de un corte de personal. Sin embargo, estoy seguro de que no tendrá problema en encontrar un nuevo trabajo y recuperarse rápidamente, es sumamente inteligente.

Yo soy Carlos o "Calos" como me dice Esteban. Tengo 36 años, llevo cuatro años casado con mi esposa quien es más joven y recientemente hemos pensado en tener hijos aunque con esto que acaba de suceder quizá decidamos esperar más.

Todos llevamos muy buena relación sobre todo durante los últimos cinco años en los que nos hemos vuelto una familia unida. No hay duda de que se debe al cáncer de mi madre.

Ella era una mujer entera, no le faltaba nada. Guapa, alegre y de corazón noble, sin dejar de lado su personalidad fuerte, la necesitaba para vivir con cuatro varones. Una guerrera sin duda que, aún en la lucha contra el cáncer, era capaz de ser la líder del hogar. Podía detectar si alguno de sus hijos o nuestro padre necesitábamos hablar de algo. Asimismo se hacía cargo de Esteban, siempre mostró, hasta el último día, paciencia exclusiva con él y su discapacidad.

Nunca lo dijo pero sé que combatir el cáncer durante cinco años la acercó mucho con mi hermano Esteban, probablemente se debía a que de alguna manera compartían la vivencia de la discapacidad. Steve con su infancia ilimitada y mi madre con su vida limitada. Al final la vimos disfrutar como una niña chiquita con cada cosa pequeña.

Miré las flores que me mostraba mi hermano Esteban y pensé en mi madre, seguro le hubieran fascinado, no sólo porque venían de Steve sino también por lo refinado que estaba vestido.

Nuevamente sentí cómo mi corazón se trituraba en pedacitos muy pequeños, difíciles de mantener juntos, cada pedacito lo podía traducir en un miedo. ¿Cómo vamos a poder explicarle a Esteban que su mamá murió?, ¿cómo ayudarle a llevar un duelo si difícilmente entiende pocas palabras?, ¿cómo puedo brindarle consuelo a mi hermano si yo mismo siento que extrañarla me es insoportable?

Me fui comiendo mis sentimientos, trataba de mantener cierta compostura. Durante toda la misa Esteban miraba hacia todos lados con las flores bien apretadas en sus manos y escaneaba cuidadosamente a cada persona que entraba por las puertas de la iglesia. Buscaba a su mamá.

Yo por mi parte me quedé observando la foto de mi madre a un lado de su ataúd y pensaba que en verdad era hermosa. En la foto salía con su cabello oscuro y largo que tanto extrañó cuando empezaron las quimios aunque con el tiempo se volvió la mujer de los turbantes más modernos que compartía con Esteban quien también se quedaba sin cabello y él pensaba que se veía genial.

Pero en esta foto no había turbante sólo ella y su sonrisa que nunca le faltó, sin duda fue la mejor foto que pudieron haber elegido. Era la misma con la que nos miraba aun cuando nos metíamos en problemas. Una sonrisa de ternura de esas que no se pueden fingir y con esa misma sonrisa miraba a Esteban incluso en las mayores dificultades. Más que una sonrisa de aceptación era de amor.

Sin darme cuenta y con lágrimas en mis ojos me sentí abrazado por esa expresión en la fotografía de mi madre. Entendí, sin entender, que esa sonrisa era su legado hacia nosotros. Esteban tiene la misma sonrisa, la más tierna y la más sincera. Y él sonríe con tanta facilidad que lo hace ver sumamente fácil sobre todo en un momento como este.

La voy a echar de menos, con todo mí ser, pero la desesperanza no honra la vida de mi madre ni su forma de vivir y yo quiero honrarla.

Alentado por mis emociones me acerqué a Esteban y lo tomé de sus manos, que aún apretaban fuerte las flores, quizá para no perderlas… en susurros le dije:

—Esteban, son preciosas las flores. Son tan bonitas como mamá, ¿verdad?

—Sí, pala mami.

—¿Te acuerdas que mamá te dijo cuánto te ama?

—Sí —me respondió con esa sonrisa que me podía quebrar.

—Así es, ¿y sabes qué?, mamá siempre te va a amar. A ti, a mí, a César y a papá. Nos ama mucho y por eso nosotros también tenemos que amarla mucho.

—Amala, sí. A mami.

—Así como la cuidamos cuando estaba enferma, ¿recuerdas cuando mamá se sentía mal y la atendíamos?, así tenemos que seguir cuidándola todos los días en nuestros corazones.

—Así, mi cabeza. Ahwww.

—Sí, exacto. Como cuando a ti te duele la cabeza que te cuidamos para que te sientas mejor. Hoy mamá ya no se siente mal, ya no le duele nada. Está sonriendo, mira, ¿ves su foto?, ¿Ves cómo sonríe? —Esteban miró la foto junto al ataúd de nuestra madre y sonrió aún más entusiasmado.

—¡Sí!, mami, soondie. Bo-o-onita.

—Ésa es mamá, hermano. Así está ella ahorita, sólo que no la podemos ver.

—¿Poqué no?

—Porque… —inhala un suspiro— porque donde

está no alcanzamos a verla, pero ella sí te ve a ti y te va a cuidar todo el tiempo y nosotros también te cuidaremos. Y tú nos vas a cuidar a nosotros, ¿qué te parece?

—Sí.

—Mamá está feliz, porque sonríes. Steve ella también está sonriendo como en la foto. Y nosotros tenemos que sonreírle de regreso, porque tenemos mucho amor por demostrarle todos los días, al abrazarnos, al cuidarnos, al jugar… Mamá va a estar aquí —le dije mientras le señalaba su corazón—. Te ama y te sonríe Esteban y ya no le duele nada, ya no está cansada ni enferma.

—¡Sí! Floes, pa-la mami.

—¿Quieres que le llevemos las flores a mamá ahora?

—Sí, a mami.

—Vamos a dárselas a la sonrisa de mamá, ¿te parece?

—Sí, sí. ¡A sonisa!

Tomé a mi hermano de la mano para que me siguiera, no me importó que el sacerdote hablara todavía en plena misa, nos levantamos y fuimos directo a la foto de mamá sonriendo. En secreto le dije a mi hermano:

—Ésta es la sonrisa de mami. Podemos dejarle las flores aquí, a ella le van a gustar muchísimo y estoy seguro de que también le va a gustar vernos a nosotros sonriendo.

Esteban volteó a mirarme a los ojos. Es algo que no hace muy seguido. Dibujó una de las sonrisas más hermosas que he visto y sentí que mi pecho ya no pesaba tanto, colocó las flores justo a un lado de la sonrisa de mi madre mientras decía: "Pa-la ti, mami". Me tomó de la mano para volver a nuestro asiento.

Mientras caminábamos vi cómo a mi padre y César les rodaban las lágrimas por sus mejillas, completamente conmovidos. Hasta ese momento no lo había pensado pero ellos probablemente estaban pasando por su propia noche oscura y seguramente para ellos también debió ser significativo ver la sonrisa de mamá en Esteban.

Esa sonrisa a nosotros nos toca hacerla eterna.

Hasta aquí el relato de Carlos.

Para todos es difícil despedirnos de los seres que amamos y muchas veces tratamos de refugiarnos en la negación o en alguna otra etapa del duelo que nos brinde consuelo emocional.

La muerte es parte de la vida y aún así suele ser difícil hablar de ella pues más que la muerte es la pérdida la parte más difícil de sobrellevar. Perdemos una parte de nosotros que nos brindaba el otro y no existe instructivo de cómo sobrellevarlo. Todos reaccionamos de formas diferentes y, por lo general, salimos adelante con los recursos que tenemos a nuestro alrededor, si es que no tratamos con duelos complicados.

Sin embargo, cuando se trata de una persona con discapacidad en medio de un duelo el común denominador emocional es el miedo. Miedo a estar solos… a ser excluidos de información que permita dar un cierre de alguna manera.

El miedo lo vive también la familia: "¿qué va a pasar con esa persona?, ¿quién se va a encargar de ella?, ¿quién le va a explicar?, ¿qué va a sentir?". Nos da miedo y puede volverse un factor que complique la elaboración de un duelo sano. ¿Cómo explicarles la muerte?

Las personas con discapacidad tienen mayor riesgo de encontrarse con situaciones inestables y estresantes ante la muerte de alguno de los padres. Suelen ser dependientes de algún tutor o familiar que no siempre sabe qué decir o qué hacer porque requieren de una atención especial.

Todavía existe la creencia de que evitar el tema de la muerte es algo bueno, especialmente para personas con discapacidad, pues creemos que los protegemos de información que les pueda preocupar o entristecer o pensamos que así los cuidamos del dolor que la pérdida puede causarles.

También, debido a las dificultades de comunicación que normalmente acompañan a diversos tipos de discapacidad intelectual, es común que se les den pocas o ninguna oportunidad de conversar con familiares o amigos acerca de la pérdida que han tenido y esto es sumamente importante pues hablar sobre la muerte facilita el afrontamiento de la misma pérdida.

Las personas con discapacidad voltean a ver a sus familiares y buscan respuesta a la emoción de tristeza y pérdida, pero como familia tenemos la posibilidad de ofrecer ese apoyo emocional acorde a su comprensión y a su nivel intelectual. Su lenguaje comprensivo suele ser mayor al expresivo por lo que es vital que puedan contar con explicaciones acerca de lo ocurrido, una comunicación afectiva, la expresión de condolencias hacia ellos y espacios de escucha. Comprender, en la manera que puedan, les ayuda a desarrollar un significado en respuesta de la pérdida y se vuelve central en su propio proceso de duelo.

En la historia anterior, cuando Carlos le dice a su hermano que su mamá está feliz porque él sonríe, aunque no la puedan ver, probablemente está colaborando al desarrollo de un duelo sano en su hermano Esteban, al ser transparente en extrañarla y reconstruir un significado de su sonrisa.

Da mucho miedo porque es un camino desconocido y nuevo que, para seguir viviendo, debemos caminarlo. La muerte se honra con vida y nos invita a reflexionar sobre ella. ¿Cómo estamos viviendo?, ¿qué podemos mejorar?, ¿qué nos da miedo?, ¿cuáles son nuestros recursos?, ¿nuestras fuerzas amigas?

Pensar en la muerte nos ayuda a vivir con más intensidad existencial. El tiempo es nuestro regalo y la decisión que tomemos sobre cómo usarlo es nuestra responsabilidad. Quizás a veces lo necesitemos para extrañar o llorar... pero habrá momentos donde queramos seguir creciendo y, sobre todo, seguir amando a quienes están y a quienes ya no están.

Todo esto podríamos verlo como una manera despreocupada de vivir, sin embargo, Epicuro decía: la realidad es que seguimos temiendo.

Las flores se utilizan desde tiempos muy antiguos para honrar la memoria de quienes han partido y simbolizan respeto y cariño.

Enojarse no mata, a veces sana

Después de saludarnos amablemente y tener una breve comunicación sobre el clima nos sentamos para hablar sobre la relación con su hermana con discapacidad y esto fue lo que me dijo:

Lamentablemente, mis padres siguen cediendo a todos sus caprichos, en parte los entiendo, con tal de no soportarla más le dan lo que pide, están cansados. Siendo honesto es culpa de ellos que "La Nenita" esté así. Así es como todos se refieren a ella, su nombre realmente es Magdalena pero, no importa que tenga veinte años de edad, todos la siguen llamando nenita.

Es insoportable, una malcriada con nula capacidad de autocontrol. Desde siempre ha conseguido lo que ella quiere, lleva a cabo los más largos y elaborados berrinches y dramatiza cualquier situación al obtener siempre el papel principal de víctima. No hay persona más terca en este planeta y, combinado con su obstinación y pesadez, la vuelven despreciable.

Cuando se le mete una idea a la cabeza no la suelta jamás y puede convertirse en un taladro auditivo que repite, repite, repite y repite infinitamente las cosas hasta que logra su cometido. Soy consciente cuando trama algo y testigo cuando lo consigue gracias a su forma fastidiosa de insistir. ¡La odio! Y no me da ningún remordimiento decirlo.

En cambio, mi hermana menor, Ashley de 14 años ni siquiera se nota cuando está presente. Hace años que dejó de esforzarse para hacerse notar y ahora prefiere mantenerse al margen de todo porque, al igual que yo, está harta de los dramas. "La Nenita" desde siempre ha estado celosa de Ashley por todo: por su nombre, por su cabello, por sus amigas, por su reciente novio. Todo lo que hace ella es una razón para que La Nenita desate la guerra.

En esos veinte años de edad nunca le han puesto límites y sé que no los tendrá. Mis padres se refugian en su condición especial porque "pobrecita", La Nenita está enferma y entonces todo lo que ella haga o deje de hacer es justificable.

Veo a mi madre agotada día tras día al cuidado de ella y me duele la impotencia de querer apoyarla porque realmente me preocupa su salud y su bienestar. Mientras mi hermana esté tomando su atención 24 horas al día mi madre no tiene posibilidad de disfrutar su propia vida.

¿Cómo es posible que nosotros siempre tengamos que ceder con tal de que La Nenita deje de llorar? No es justo que sólo ella absorba toda la energía y atención de nuestra madre al ganar su preferencia, a pesar de su terrible comportamiento.

Ya no aguanto más y sé que también me estoy volviendo una carga para mis padres porque no se las pongo fácil. Mi enojo se nota, no es necesario indagar. Y sé que no sólo estoy enojado con mi hermana mayor sino que me siento más enojado con mis padres por permitir que nuestras vidas estén dirigidas por Magdalena y nos dejan a Ashley y a mí en un segundo plano permanente. Me enoja que sean ciegos al mal que alimentan cada vez que le conceden algo.

Desde hace años que no llevo amigos a la casa porque me avergüenza profundamente que la lleguen a ver en una de sus escenas. O, como ha pasado antes, que quiera quedarse con nosotros y tengamos que cuidarla y jugar a lo que ella quiere para cumplir nuevamente sus caprichos, para que no vaya a hacer una escena.

Hoy es mi cumpleaños número 17 y La Nenita hizo un enorme berrinche desde temprano porque no compraron el pastel que a ella le gusta. Después de unas dos horas con un llanto insoportable y tirada en el suelo mi madre salió a comprarle el pastel de su sabor favorito. Ella ahora parece una angelita pues ya logró lo que quería.

Estoy listo para largarme de la casa. No soporto verla todos los días y darme cuenta de lo injusta que es esta familia. No quiero seguir aquí cuando ya todos estén enfermos.

Aquí termina la entrevista que tuve con Javier, hermano de una persona con algún tipo de discapacidad intelectual.

Cuando yo me enojo me es muy difícil hablar. Por lo general lloro lo que llega a desesperarme pues siento que pierdo credibilidad o valor en lo que trato de comunicar que normalmente es aquello que me molestó en primer lugar.

Con las personas con discapacidad así como pueden tener una parte sumamente amorosa y cariñosa tienen su contraparte. Como suele decir mi papá: "Son mitad ángel y mitad tiranosaurios". Cuando mi hermano con parálisis cerebral se enoja se transforma en una especie de tiranosaurio, tensiona con fuerza su cara y sus manos y realiza con los dedos una forma amenazadora de algo que nosotros le llamamos "la garra".

Cada ser humano tiene una manera distinta de expresar su enojo, su desagrado, su miedo, su impotencia, su vergüenza, su tristeza... Cualquier emoción no agradable es importante que sepamos también escucharla con atención para que nos sea más fácil descubrir por qué nos hace sentir así y qué podemos hacer para perseguir nuestro bienestar.

Hay veces que sentimos una tristeza que nos hunde y que parece que es el fin de nuestro mundo y, después de llorar un buen rato, resulta que nos sentimos mejor. A veces sólo necesitamos un tiempo fuera y curiosamente llorar lo hace posible.

El enojo o enfado lo tenemos etiquetado como una emoción mala, como si esa emoción le perteneciera sólo a los villanos y a veces cuando la sentimos nos llegamos a sentir malvados.

Con las emociones lo primero que hay que entender es que no hay emociones malas o buenas, las emociones simplemente son. La calificación se la hemos otorgado nosotros mismos al saber que algunas emociones y sentimientos son más agradables que otros. Está bien sentir enojo o cualquier emoción "negativa". Realmente es normal y no conozco a ningún hermano, de personas con discapacidad o no, que no haya sentido enojo, furia, rebeldía, impotencia, celos, tristeza o alguna categoría no descubierta todavía. Cada emoción nos hace seres humanos y tienen la importante función de comunicarnos cómo estamos internamente y qué necesitamos.

Las emociones tocan nuestro hombro, como me lo llegó a explicar un maestro muy querido, y piden nuestra atención. Son como un niño pequeño que busca ser escuchado pero, asimismo, las emociones pueden llegar a ser molestas precisamente por solicitar nuestra atención. Lo más común es que no las escuchemos y que les digamos algo así como: "sí, sí… ya te oí y ya te dije que ahorita no, déjame en paz".

Inhibimos nuestras emociones porque no son "buenas", no las queremos. Y un enojo inhibido al final se convierte en un resentimiento silencioso y doloroso que tarde o temprano busca salir a la luz.

En el relato anterior Javier describe un enojo fuerte y resentido durante años de un hermano hacia su hermana con discapacidad intelectual y sus padres. Su enojo, como pasa con muchos hermanos, es fruto de la percepción de injusticia entre la fratría donde se observa un trato privilegiado hacia aquel con discapacidad y una mayor exigencia para los hermanos "normales".

Es común que no se marquen límites claros a los hijos con discapacidad, se justifica el hecho de que "están enfermos". Lo peligroso es que esto puede convertir a la persona con discapacidad en alguien hecho de cristal quebradizo, con el que sus hermanos no pueden descargar su enojo o sus sentimientos naturales debido a la posibilidad de que el hermano de cristal se rompa.

Los hermanos entonces aprendemos a guardarnos las cosas porque ¿cómo podría decirle un hijo a su madre que se avergüenza de su hermano con discapacidad?, ¿cómo expresar el enojo que se siente contra alguien que quizá no se puede defender? O bien, ¿cómo es posible sentir celos de alguien que está enfermo y además ya ha sufrido bastante?

No, no es fácil hablar de estas emociones dirigidas hacia la discapacidad o a la propia familia pero es de suma importancia que se puedan expresar porque de otra manera es como la basura que se esconde debajo de los tapetes (para que se vea limpio). Aunque en apariencia no haya basura la realidad es que cada que nos acercamos o alguien más se acerca al tapete sabemos que debajo hay basura. Y, como todo desperdicio no limpiado, llega un momento en el que va a empezar a apestar o a hacernos daño.

Las crisis y las dificultades nos abren la oportunidad de ser resilientes y crecer, salir fortalecidos de la experiencia y construir un aprendizaje estructurador y armónico para un futuro positivo de todos los miembros de la familia.

Cuidarnos significa primero aceptarnos y para aceptarnos hay que conocernos tanto en cualidades como en defectos. Negar lo que sentimos nos aleja de nuestra verdad... de nosotros. Debemos buscar facilitar la expresión de sentimientos, buenos y malos, esto es un asunto relevante para toda la familia. Las emociones "malas" como el enojo muchas veces son las que sanan las heridas.

En la siguiente tabla[2] comparto las emociones más vividas entre hermanos de personas con discapacidad en las distintas etapas del ciclo vital (infancia, adolescencia y edad adulta). Son resultados tomados de una investigación realizada en España durante nueve años, al tratar el tema de la fratría y la discapacidad.

Tabla 1. Relación de emociones, extraído de la opinión de hermanos que trabajan en grupos de apoyo. Personas con Discapacidad Intelectual (PDI).

Etapa del ciclo vital	Emociones más comunes vividas por los hermanos de PDI	Observaciones
Infancia	• Desconcierto • Malestar • Angustia • Celos • Deseo de curación del hermano • Protección • Sentimientos de diferencia	Durante la infancia las preocupaciones tienen que ver con el desconocimiento, el deseo de un hermano sano e intentar protegerlo. Se saben diferentes.
Adolescencia	• Diferencia • Soledad • Rabia • Instinto de protección • Vergüenza • Culpabilidad	En la adolescencia las emociones vienen de una mayor consciencia; hay enojo por lo que consideran que han perdido gracias a tener un hermano con DI.
Edad Adulta	• Pareja • Descendencia • Preocupación por el futuro	En la adultez la elección de su pareja se ve influida por la vivencia familiar con un hermano con DI. Asimismo la educación de los hijos que vendrán y la preocupación genuina por el día de mañana, ¿qué va a pasar cuando ya no estén los padres?

La emoción de enojo que, aunque se puede expresar de muchas maneras, es de suma importancia que se exprese, se escuche, se desahogue, sin importar lo "mal visto" que pueda ser.

CAPÍTULO 4. INCLUSIÓN

Hay que salir al encuentro de los olvidados.
PAPA FRANCISCO

Regalarnos la oportunidad de ser mejores

En esta búsqueda de convertirnos en mejores personas para formar familia y construir una sociedad nos vemos inmiscuidos en la necesidad de organizarnos mejor sin importar nuestras diferencias y, por lo tanto, nos creamos una nueva forma de inclusión.

Según la UNESCO la inclusión es un enfoque que responde de manera positiva hacia la diversidad de las personas al entender que ésta no se trata de un problema sino de una oportunidad para enriquecernos como sociedad a través de la participación activa de todos.

Curiosamente, aunque el concepto de inclusión pueda sonar algo sencillo de lograr, a través de la historia hemos vivido los estragos de lo opuesto: la exclusión.

Hoy la inclusión es un término bastante popular en todos los ámbitos precisamente porque lucha por respetar nuestros derechos humanos para lograr ser sociedades más civilizadas y evolucionadas donde no exista el racismo, la discriminación o la segregación.

Hemos aprendido de alguna manera que la inclusión es algo parecido a sumar o simplemente añadir. Como decir: "incluye impuestos", lo cual indica que ya está sumado o es inclusivo porque cuenta con una rampa para personas con discapacidad, lo que indica que se añadió una rampa para personas en silla de ruedas. O quizás en sistemas educativos, inclusivos, porque aceptan personas con capacidades diferentes.

Entonces, entendemos que la inclusión es incorporar, agregar y ¡listo!, ya fuimos inclusivos, sin embargo, se trata de una idea que abarca aspectos sociales más profundos que solamente agregar.

La inclusión nos debe de implicar a nosotros mismos. Es una idea que nace de la empatía y no es simplemente "ponernos en los zapatos del otro" como normalmente lo entendemos. La empatía se trata de acompañar, de estar ahí, no de sumar cosas para resolver lo que está mal. Ponernos en los zapatos del otro nos deja con la posibilidad de que los zapatos nos queden grandes o chicos y que sea improbable caminarlos. Y, aunque calzáramos de la misma talla, nos es imposible ponernos bajo la piel del pie de alguien más que sería más adecuado al concepto. No hemos vivido su vida, sus experiencias, su historia. Por lo tanto empatizar no se trata de comprender y sentir lo que una persona con discapacidad siente sino de estar ahí, de acompañar, de escuchar y poner atención.

Hablemos un poco más de inclusión:

Quería que mi hermano Pablo, con discapacidad física e intelectual, me acompañara al supermercado a hacer las compras para la casa. No era una gran novedad pues él acompaña a mis papás muchas veces de compras, mamá lleva el carrito del super y papá a Pablo en su silla de ruedas mientras Pablo escucha música en su iPod.

Pero esta vez quería que fuéramos él y yo solamente lo cual implicaba que no iba a haber quién empujara el carrito del super y la silla de ruedas por separado ni tampoco pretendía mostrarme como una súper mujer que puede con todo. Mi intención era que Pablo se moviera por sí mismo y que realmente me ayudara a hacer las compras acorde con su condición física e intelectual.

Sabía que lo primero que esto significaba era que íbamos a durar mucho más tiempo de lo normal así que prevenimos irnos temprano y con agenda libre de ambos, a la prisa decidimos no llevarla esta vez.

La aventura de hermanos solos en el super no comenzó cuando salimos de casa sino desde que lo comenzamos a planear juntos. Es común, por costumbre o ignorancia, que decidamos por Pablo (a veces sin darnos cuenta). Como con un niño pequeño al que no se le pregunta sino que sólo se le informa. Incluso con niños chiquitos es bueno fomentar la comunicación en donde ellos puedan participar en las decisiones, aunque su respuesta a veces tome tiempo.

Llegué al cuarto de Pablo y le pregunté:

—Pablo, ¿me acompañas al super para comprar las cosas que faltan de la casa?

—Ah… mmm, bueno, está bien. Pero va a venir Marco y va a sacar sus llaves y su cartera.

Marco es su fisioterapeuta y lleva tanto tiempo con nosotros que lo vemos como parte de la familia y es, sin duda, uno de los mejores amigos de Pablo. Mi hermano sabe los días que tiene su terapia física y espera a Marco como *El Principito*: "Si vienes, por ejemplo, a las 4 de la tarde desde las 3 yo empezaré a ser feliz".

—Ok Coquito, no hay problema. Marco viene hoy entonces podemos ir mañana al super para que hoy lo puedas esperar. —Le dije a Pablo.

—Sí y va a sacar sus llaves y su cartera. Y voy a contarle… espera, voy a contarle a Marco que le mandé un correo.

—Sale y vale Pablo pues hoy me saludas mucho a Marco. Oye, y ¿qué vamos a comprar en el super mañana?

—Mmm… Leche, huevos, pan. —Respondió Pablo muy seguro.

—Va que va, pues qué padre, ¿no?

—Sí, muy padre.

—¿Te gustaría que hiciéramos una lista de lo que tenemos que comprar?

—Sí, está bien. —Me respondió.

Así que en un papel escribimos cosa por cosa, todo lo que pensamos que hacía falta en casa. También aprovechamos para planear la hora de nuestra salida (después de desayunar, horario flexible) y lo que teníamos que llevar: el carro, la música para escuchar en el carro, dinero para pagar las compras, su andador para caminar y los cuentos se quedan (sus cuentos favoritos decidió no llevarlos en esta ocasión).

Al día siguiente, después de desayunar, tomamos todo lo necesario y previamente acordado y nos dirigimos al super.

Pablo accedió a no bajar su silla de ruedas del carro y sólo llevar su andador con el que se apoya para caminar (avanza muy lentamente pero avanza) y en caso de que se cansara pediríamos uno de esos carritos con motor que tienen en el supermercado.

Asombrosamente Pablo no necesitó el carrito con motor y caminó por todo el lugar él mismo, apoyado sólo de su andador. No nada más era un suceso que me sorprendía a mí sino a todos los que pasaban a nuestro alrededor. Incluso una trabajadora del supermercado, quien se notaba algo preocupada, nos preguntó tres veces si necesitábamos ya el carrito eléctrico.

Duramos aproximadamente una hora y media mientras recorríamos el supermercado con el paso a pasito de Pablo tomábamos cada cosa que teníamos en nuestra lista y reconocíamos algunas otras que veíamos por los pasillos.

—Ah, esta es la pasta, como la que le gusta a Martín —decía Pablo, cuando pasábamos por el pasillo de las pastas y se refería a nuestro hermano mayor.

Por supuesto echamos al carrito otras cosas que no estaban en la lista pero que nos enamoraron a primera vista (como un cereal de chocolate y unas papitas del pasillo cuatro).

Cuando Pablo necesitaba apoyo (como para bajar por la rampa hacia el carro) y yo no podía brindárselo porque mis manos estaban ocupadas con el carrito de las compras no faltaron personas que se ofrecieron a ayudarnos y se aseguraron de que llegáramos sin accidentes a nuestro automóvil.

No puedo expresarles lo satisfecha que me sentí con nuestro exitoso plan llevado a la acción. Pablo fue partícipe de cada decisión tomada para esta aventura de ir juntos al super y comprar cosas para toda la familia desde la planeación hasta corroborar mis cuentas de dinero y pagarle a la señorita de la caja nuestras compras.

Las personas en el supermercado le echaban porras y lo felicitaban, personas que jamás habíamos visto. A lo que Pablo respondía "Sí, sí… ¡Gracias!", con una hermosa sonrisa.

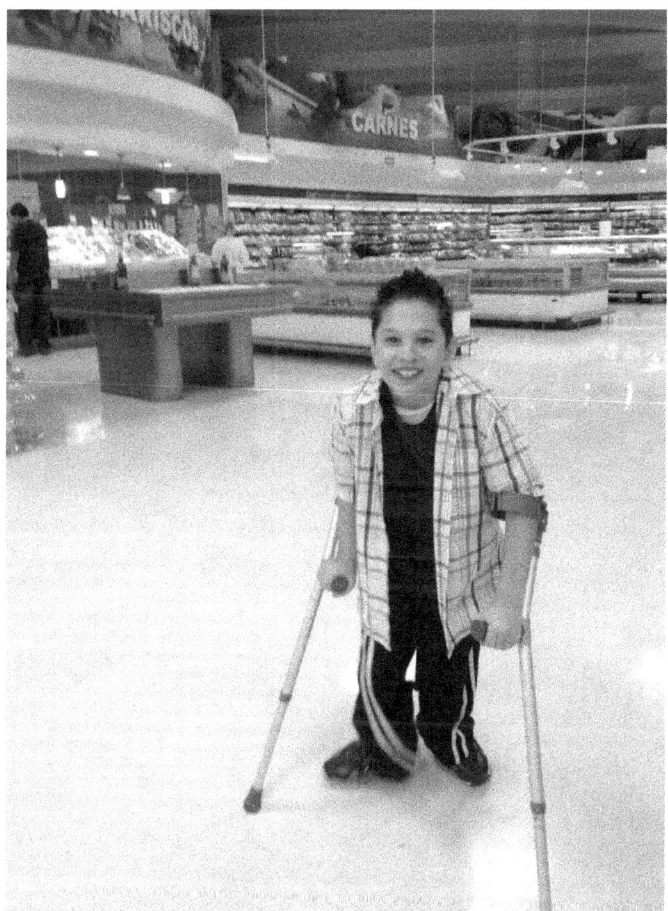

Pablo camina con su andador por el supermercado.

Pablo un día que aceptó manejar el carrito eléctrico en el supermercado, su sonrisa muestra lo mucho que disfrutó aunque nunca ha sido muy bueno para conducir.

Ahora hablemos un poco de segregación:

Cuando éramos niños mi hermano Pablo tenía una sillita de plástico a la que se le insertaba una mesita también de plástico. Pablo, a causa de su discapacidad, por años estuvo físicamente muy chiquito, así que también por muchos años cupo perfectamente en esta sillita estilo de bebé.

Para mayor comodidad a la hora de la comida colocábamos a Pablo en esta sillita con su mesita enfrente de la televisión. Así, él podía disfrutar de su programa favorito mientras comía y el resto de la familia comíamos en la mesa de "grandes" y hablábamos de lo que fuese que hablásemos en ese tiempo.

Crecí viendo esta dinámica familiar a la hora de la comida durante casi toda mi infancia hasta que un día una tutora de Pablo a la cual yo admiraba mucho me dijo que no entendía por qué mi hermano no comía con el resto de la familia si él podía compartir con nosotros ese rato familiar.

No lo había pensado antes pero, después de escucharla, no volví a sentir que era normal que mi hermanito comiera solo en su sillita y mesita de plástico. Así fue que cada día insistí e insistí en que lo cambiáramos a la mesa de "grandes" y que comiera con el resto de la familia.

Esto no ocurrió de la noche a la mañana, todos tardamos en adaptarnos a esta nueva propuesta de comer todos juntos, de incluir a Pablo, pero llegó el día en el que ya todos sabíamos cuál era el lugar de mi hermano en la mesa.

Al día de hoy en el comedor de casa de mis papás (nuestra casa de la infancia) es común que nos juntemos a comer como familia, aunque ya vivamos en casas diferentes. Y Pablo, quien sigue viviendo ahí, todos los días participa en las conversaciones de sobremesa, nos cuenta de su día y se ríe, opina o repite lo que alguien más dice aunque no necesariamente lo entienda.

Sé que aquella vez lo incluimos sin saber que lo estábamos segregando.

Pablo sentado en su sillita de plástico en la que durante muchos años de su infancia se sentó a comer de manera independiente.

Ahora, hablemos sobre exclusión:

Pablo, a pesar de su discapacidad intelectual, se graduó de la primaria. Oficialmente no terminó la primaria pues tenía su guía de estudios adecuada y personalizada acorde con sus necesidades especiales. Pasó seis años en este plan de estudios y entonces se graduó. Me parece que tercero y cuarto de primaria los repitió dos veces.

Acudía a una escuela regular acompañado por una tutora particular. Se sentaban en una esquina del salón, ubicados siempre en la parte de atrás para que su maestra/tutora no tapara la vista de ningún otro niño, sin importar que a Pablo sí le pudieran tapar la vista al pizarrón otros niños.

Recuerdo perfectamente las mañanas que acompañaba a mi mamá a llevar a Pablo a la escuela. Mi hermano lloraba y gritaba todo el camino de principio a fin esto sucedía sólo de ida porque cuando lo recogíamos para llevarlo de regreso a casa no lloraba pero tampoco se le veía feliz, parecía como si terminara cansado y resignado de lo que le tocó vivir. Y al día siguiente la misma rutina.

Yo iba en un colegio diferente al de Pablo, cursaba la secundaria. En semana de exámenes salía temprano pues hacíamos el examen y nos íbamos. Mi mamá, en uno de esos días, me recogió del examen y me pidió que la acompañara a la escuela de Pablo para llevarle su lonchera que había olvidado colocar en su mochila.

Llegamos justo a la hora del recreo y desde afuera de la escuela lo pudimos notar por los gritos y risas que se escuchaban de los niños al jugar. Entramos y vimos cómo los niños, compañeros de Pablo, corrían por todo el patio, se divertían y jugaban cualquier tipo de juego. Pero no veíamos a Pablo.

Después de recorrer todo el patio vimos a la distancia la zona de columpios donde por fin vimos a mi hermano. Entre risas de niños, gritos y juegos Pablo estaba en una zona más apartada sentado en un columpio sin movimiento y con su mirada fija en el suelo. A su lado, en el siguiente columpio, su maestra/tutora miraba atentamente su celular.

Esta imagen aún la recuerdo con tristeza.

Sin lugar a duda Pablo no reclamaba por ser excluido de las actividades de los demás niños y a los otros niños no se les enseñaba a incluir a Pablo en sus juegos o grupos. Estaba añadido al salón de clases pero no incluido… más bien era excluido.

Por supuesto, la maestra de Pablo tuvo una regañiza de parte de mi mamá pues a ella también le dolió ver a su hijo aislado en un columpio sin ninguna atención a sus necesidades especiales que también requieren de la convivencia con los demás.

Finalmente, mis papás decidieron sacar a Pablo de la escuela para que mejor recibiera tutoría en casa y sin duda le fue mejor. Después de muchos años dimos con un Centro de Día en nuestra ciudad de Guadalajara llamado *Algarabía*, dedicado a jóvenes y adultos con diferentes discapacidades intelectuales donde les enseñan a través de talleres. *Algarabía* ha sido verdaderamente un regalo para toda la familia pues la inclusión que se promueve ahí no sólo es para la persona con discapacidad intelectual sino para toda la familia.

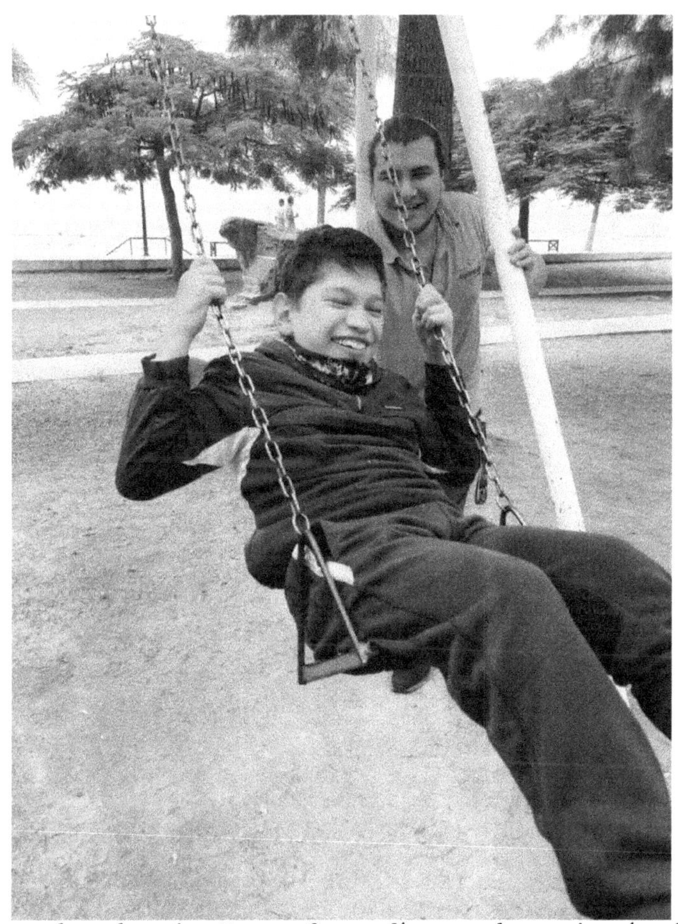

Pablo disfruta en los columpios. En esta fotografía se puede apreciar cómo lo empuja su maestro Luis, profesor de Algarabía.

La discapacidad intelectual significa
presentar algunas limitantes para
aprender, memorizar, relacionarse y resolver situaciones de la vida cotidiana.

Sin embargo, las Personas con discapacidad
intelectual, son CAPACES de Desarrollar
competencias y habilidades para lograr
una vida de calidad.

◆ ◆ ◆

Hablemos ahora de integración:

Mi hermano Pablo no camina. Cuando yo acudía a la primaria era común que los domingos pasáramos a hacer compras a una plaza cercana a casa ahí había una zona con brincolines inflables para que nosotros los niños nos entretuviéramos mientras los adultos se dedicaban a lo suyo.

Debido a la condición de Pablo él no podía estar solo en el brincolín porque probablemente los otros niños lo pisarían o le saltarían encima por accidente. Por lo mismo, mi hermano mayor y yo siempre nos ofrecíamos como voluntarios para ser sus cuidadores de brincos. Aunque, para ser honesta, sé que nos divertíamos más con Pablo que con los demás niños.

Con el tiempo esto se volvió una actividad común para disfrutar los domingos entre hermanos y era genial; uno de los brincolines tenía forma de dinosaurio y podíamos escalar su espalda en forma de triángulo. Con Pablo durábamos casi la hora completa escalando la espalda y era sumamente satisfactorio conseguir el recorrido mientras que los otros niños en el mismo tiempo lo hacían fácil unas veinte veces.

Uno de esos domingos sosteníamos a Pablo de los brazos para que brincara con nuestro apoyo y se nos acercaron unos niños para invitarnos a brincar con ellos. Les dijimos que estábamos con nuestro hermano menor, y que no podíamos, pero para no vernos "groseros" tratamos de explicarles a nuestros nuevos compañeros de brincolín que si no estábamos con Pablo era probable que alguien más le brincara encima o que él perdiera el equilibrio y se cayera.

Al oír nuestra razón los niños nos propusieron dejar a Pablo en una esquina del brincolín mientras nosotros podíamos jugar con ellos cerca de ese punto para que así pudiéramos vigilar que no le pasara nada y "todos" nos divertiríamos.

No voy a negar que lo consideré pues no habíamos

tenido antes otros amigos de brincolín, siempre éramos sólo los tres mosqueteros fraternales. Sin embargo, tanto mi hermano mayor como yo nos negamos a abandonar a Pablo en una esquina "protegida" para nosotros jugar con otros niños a un lado. Los niños entonces se fueron y nosotros nos seguimos divirtiendo con nuestro reto de subir nuevamente y con dificultad la espalda de aquel brincolín en forma de dinosaurio.

Ese día pensé que vale más estar con un hermano que todos los nuevos amigos que se puedan tener.

Imagen representativa de brincolines como al que íbamos a jugar entre hermanos.

Me parece importante mostrar de manera visual, las diferentes maneras de actuar como sociedad ante la discapacidad. Cada una se puede distinguir en la siguiente tabla que está inspirada en la información que el Centro de Día Algarabía nos compartió a las familias.

EXCLUSIÓN

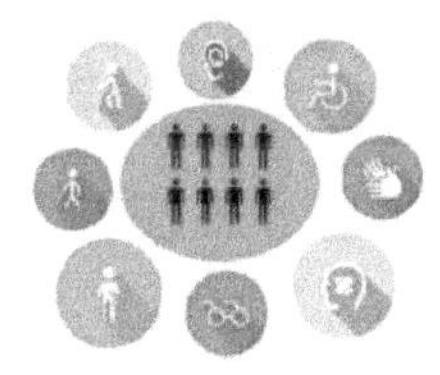

Se niega toda oportunidad de participación.
(Ejemplo: la anécdota de Pablo en el columpio).

SEGREGACIÓN

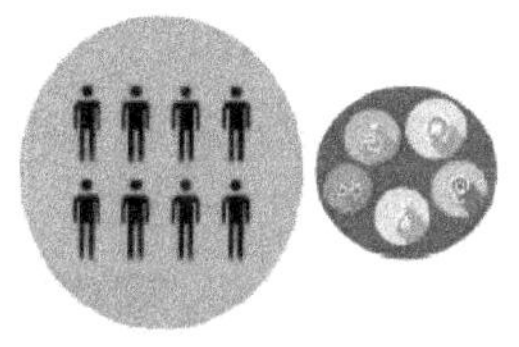

Se separa a las personas con discapacidad y a las personas sin discapacidad, se proponen actividades para cada grupo.
(Ejemplo: Cuando Pablo comía solo en su mesita de plástico).

INTEGRACIÓN

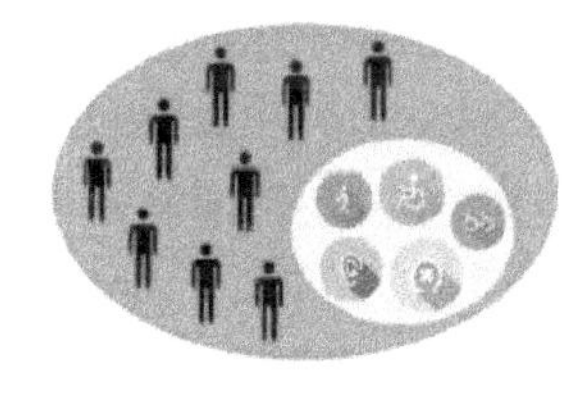

A la persona con discapacidad se le da oportunidad de entrar a un grupo, a un juego o una actividad, pero no se toma en cuenta ni su opinión ni sus necesidades para lograr su participación.
(Ejemplo: los tres hermanos en el brincolín).

INCLUSIÓN

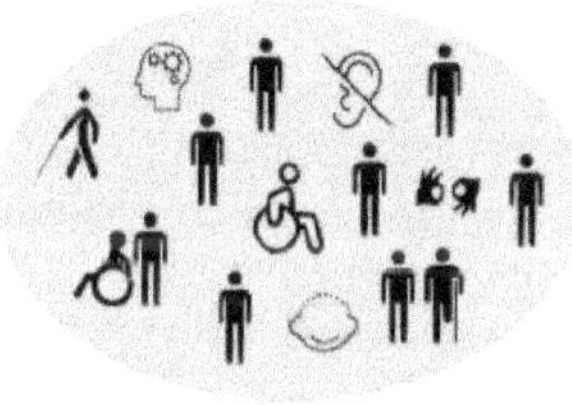

Se respetan los derechos de una persona con discapacidad, cuenta con las mismas oportunidades que los demás miembros de su familia o de su comunidad, se toman en cuenta sus características y se le brindan los apoyos que requiere para su participación, promoción y empoderamiento.
(Ejemplo: Cuando Pablo y Dany fueron al supermercado).

Como hemos visto cada una de las anécdotas anteriores, desde mi experiencia con mi hermano, podría quizás aplicarse a más de uno de los conceptos referidos. Sin embargo, bien vale la pena centrarnos en uno solo de ellos con el fin de no perdernos.

Inclusión es también atención. Quienes participan se deben involucrar pues de otra manera la exclusión permanece. Se busca que toda persona se convierta en "parte de" y no que permanezca "separado de". La base, como lo dije antes, es la empatía. Acompañar las diferencias, no cambiarlas ni tratar de ajustarlas.

Los sistemas sociales deben proveer acceso, fomentar la participación y posibilitar que la persona con discapacidad y su familia tengan activa participación e igualdad de condiciones, no solo en la familia, sino también social y culturalmente.

Como sociedad y como personas debemos encaminarnos hacia el concepto de inclusión. No se trata de agregar a alguien a una actividad o lugar sino que nos debe incluir también a nosotros. Debemos saber reconocer que todos tenemos habilidades y potencial distintos lo cual implica necesidades y respuestas diferentes y, por lo tanto, mejores maneras de relacionarnos.

CAPÍTULO 5. LÍMITES

Cuando perder es ganar

No es fácil poner límites, pareciera que nos hace personas menos amorosas.

Los límites geográficos suelen ser claros, como una frontera donde se indica que algo termina y algo diferente comienza. Sin embargo, los límites emocionales son bastante más complicados de distinguir y muchas veces ni siquiera nosotros mismos los conocemos bien.

En la familia, cuando hablamos de límites, pensamos en estilos educativos y normas a seguir. Es común que en nuestros propios entornos aprendamos a ver ciertas cosas como buenas y otras como malas o no aceptables. Nos enseñan conductas permitidas y prohibidas. Esto puede variar en cada familia, en cada contexto social, en cada época y en cada persona y, bajo esta distinción, entendemos que poner límites es algo parecido a poner barreras y letreros de alto. Nos convertirnos en policías de la frontera que prohíben, que piden requisitos o que "deportan" de regreso a sus lugares de procedencia. Todo esto, para marcar claramente divisiones.

Los límites personales son acorde a nuestras emociones

y sentimientos también personales. ¿Cómo nos sentimos ante ciertas circunstancias?, ¿qué emociones nos despiertan ciertos tratos?, ¿cómo nos sentimos cuando no indicamos límites?

Como seres humanos tenemos dos necesidades básicas, así me lo explicó Esteban Laso (un maestro muy querido): la necesidad de afecto y la necesidad de respeto. Poner límites en nuestras relaciones involucra ambas necesidades pues por amor y respeto creamos pautas adecuadas donde indicamos cómo queremos que nos traten para una mejor convivencia.

De la misma manera que se entiende en las líneas geográficas que marcan fronteras, poner límites a los demás es ofrecerles un mapa de ruta de cómo relacionarse con nosotros. Qué sí, qué no... y qué puede ser un "tú eliges". Ese tú eliges podría confundirse como cuando una mamá regaña y dice: "tú sabrás", pero en realidad quiere decir "no lo hagas". Sin embargo, un "tú eliges" genuino te da la oportunidad de tener cierta libertad ante los límites de alguien más.

No se trata de obligar a las personas a entrar en nuestros mapas personales sino de marcar rutas para que cada uno siga una línea muy clara hacia lo que significa el respeto, la escucha y los acuerdos. Aquí la comunicación asertiva puede ser nuestra mejor amiga pues los límites deben de ser mutuos.

Para muchas personas con discapacidad no es tan fácil distinguir las líneas de permisividad o de altos pues es común que con el afán de "ayudarlos" o "facilitarles" las cosas invadimos sus límites y nos metemos en sus decisiones sin siquiera preguntarles.

Estaba Pablo en una de sus peores escenificaciones de "berrinche". Su cara se tornó completamente roja, sus ojos quedaron perdidos, como si observara un vacío. Entonces comenzó a gritar de una manera que hasta yo me asusté, aunque supuestamente estaba preparada para el gran estallido de furia.

Comenzó a gatear hacia mí a toda velocidad, no había

duda que su objetivo final era lastimarme de alguna manera y, si no me movía, lo iba a conseguir.

Pablo no puede caminar y soy consciente de que soy más rápida que él pero aún así me sentí alarmada ante la agresión inesperada y una parte de mí quería demostrarle que podíamos resolver esa situación sin violencia.

Estábamos solos en casa. Mis papás habían salido de viaje por unos días y yo estaba a cargo de Pablo lo que me causaba un sentido de responsabilidad importante hacia su cuidado y bienestar sobre todo me sentía con entera libertad de establecer ciertas normas inquebrantables acorde con el rol de "madrastra" que me acababa de adjudicar. ¡Eso era! La hermana mayor con un rol de autoridad decisivo sobre lo que era adecuado y lo que no en cuanto a nuestra buena convivencia en casa.

El problema fue que Pablo no estaba de acuerdo con mis actividades impuestas sobre su rutina del día. No me tomé la molestia de dialogar con él sobre lo que haríamos. Lo pensé, lo decidí y se lo informé sin tomarlo en cuenta realmente. Este desacuerdo terminó en un estallido de batalla, sorprendente e innecesario.

Sabía que él ya estaba bastante irritable debido a los cambios de su rutina cotidiana que casi siempre es la misma e incluyen la presencia de mamá y papá. Aún así yo tenía una expectativa ante esta oportunidad de ser la "madrastra" y de aprovechar mi autoridad para mejorar la convivencia entre Pablo y yo y de paso su rutina que consideraba que podía mejorar.

Así que propuse distintas actividades que yo sabía que le iban a venir bien aunque él no estuviera acostumbrado: ejercicio, lectura, salir a pasear, sacar a los perros, ver una película juntos... todo bajo un estructurado, bien calculado y preestablecido horario.

Estoy segura de que Pablo se abrumó con tantas propuestas de actividades impuestas por la invasora de su hermana, probablemente él sólo quería disfrutar en santa paz las canciones de *El Rey León* en su iPad como suele hacerlo cada día.

Después de forzar un programa nuevo durante toda la mañana el estructurado horario ahora indicaba que tocaba ir al parque a pasear. Llegué a su cuarto donde él miraba *El Rey León* en su iPad y le dije que era tiempo de irnos porque se nos hacía tarde y Pablo respondió rápidamente de manera verbal y no verbal que no quería ir.

Lo apuré nuevamente, hice caso omiso de su negatividad, él miraba el suelo y con los brazos cruzados volvió a decirme: "no".

Finalmente, yo también me puse seria y le dije que ya habíamos quedado en ese plan de ir al parque aunque en el fondo sabía que decir eso era una mentira. No quedamos en nada él y yo simplemente le informé del plan y él no había dicho que no antes por lo que yo asumí el "sí".

Lo presioné una última vez y probablemente ahí fue donde llegó a su límite. Me golpeó con su mano y me miró fijamente como si me retara. Yo, por supuesto, sabía que eso no estaba bien y que como autoridad en mi rol de madrastra no podía permitir ese tipo de retos así que le dije:

—Pablo, eso no se hace. No tienes por qué pegarme.

—¡Sí te pego! —Y entonces volvió a golpearme con su mano y nuevamente me miraba fijamente a los ojos.

—Pablo, ¡ya basta! Te voy a castigar el iPad. —Desconecté su iPad y lo tomé en mis manos para llevármelo al lugar del castigo (fuera de su alcance).

Pareció que le había dicho que yo estaba a punto de destruir el mundo y sólo él podía detenerme pues en ese momento Pablo se puso como anteriormente lo describí: rojo, gritaba a su máximo volumen y gateaba a una velocidad distintivamente rápida en él, se dirigía específicamente a mi encuentro y sin lugar a duda con la misión de hacerme daño. Algo parecido a Jack Jack, el personaje de la película de *Los Increíbles*, quien se transforma en un diablillo rojo sin control alguno de su furia.

Intenté conectar con él, le hablé y traté de hacerlo entrar

en razón pero por más que intentaba explicarle el porqué de mi decisión de suspender su iPad Pablo seguía descontrolado y gritaba con todas sus fuerzas.

Tenía claro que si yo me quedaba inmóvil en donde estaba parada, mientras sostenía el iPad "castigado", Pablo iba a arremeter en contra mía. Quedarme en esa postura de ser la madura y tratar de entablar una conversación con él, en un afán de ponerle límites, lo menos que me iba a llevar era una profunda mordida de su parte.

Cuando estuve más tranquila traté de contrarrestar su enojo. Le volví a hablar con suma claridad y serenidad en mis palabras, modulaba un tono de voz dulce, calmado y una postura amable pero parecía que sólo le daba más poder. Probé también levantar más mi voz, trataba de superar sus gritos y ver si así lograba que me escuchara o por lo menos que se asustara y entonces me hiciera caso pero nada funcionó.

Estaba consciente de que el camino fácil era regresarle el iPad a Pablo quien seguía convertido en su versión tiranosaurio al ataque, pero me dolía ceder y, a la vez, no soportaba verlo así de descontrolado en su enojo.

Haberme pegado estaba mal y no podía dejar la situación en una condición de impunidad y cumplir la consecuencia era vital para poder defender mis límites. Retirarle el iPad era algo que tenía que pasar si se portaba mal conmigo y sabía que era algo que a él le dolía.

Sentí culpa pues antes de que yo llegara a su cuarto y revolucionara la salida al parque él estaba bien y en paz. Disfrutaba de su rutina diaria mientras veía por milésima vez la obra de teatro de *El Rey León* desde su iPad.

Aunque iba en contra de mis propias normas estrictas… me moví. Le regresé su preciado iPad en el escritorio y salí corriendo de su habitación con lágrimas en mi rostro. Sentí un vacío en el estómago y lloré como una niña pequeña mientras me escondía en un clóset para que mi derrota no fuera a ser escuchada.

Un par de horas después todavía me sentía triste por

haber alterado a Pablo y, a la vez, por no haber sido capaz de ponerle consecuencias y fui a su habitación para pedirle perdón. Pablo en cuanto me vio gateó nuevamente hacia mí pero esta vez decidido a darme un abrazo y consolarme. Al parecer él también se sentía mal de haberme agredido.

¿Quién de los dos se equivocó? Reflexioné. Probablemente ambos pero, siendo honesta, yo sin duda me equivoqué. Mi límite que era rígido y jerárquico estaba totalmente fuera de contexto con Pablo. Sin embargo, al encontrar flexibilidad en mis normas y apertura en mi entendimiento pude mostrarle a mi hermano que los límites se establecen respetando los suyos.

Nuestra relación mejoró por el resto del fin de semana y el horario anteriormente estipulado lo reestructuramos entre ambos quitamos expectativas exageradas e innecesarias y dejamos apertura para que el horario se ajustara por sí solo.

Supe entonces que perder a veces también es ganar.

No, no es fácil poner límites a las personas y mucho menos a aquellos que amamos. Pero entonces, ¿por qué lo hacemos? La respuesta más sencilla a esta pregunta es básicamente porque los límites no se ponen solos. El sol se pone solo y le importa muy poco si llega o no a todos los territorios; el viento corre por sí solo sin distinguir si es adecuado o no; la lluvia cae de manera natural por sí sola donde tenga que caer... Los límites son nuestros, son humanos, son cultura y son un tiempo.

Cualquier acto cultural, por definición, se trata de un acto civilizado por lo menos en esfuerzo por serlo, siempre en una interminable búsqueda de convertirnos en sociedades que sepan indicar mediante límites un "hasta aquí" con el objetivo profundo de protegernos.

Los límites realmente son métodos de protección. Si no hubiéramos evolucionado como sociedad civilizada (que en mi opinión todavía nos queda un largo camino) nos mataríamos ante cualquier desacuerdo. Los límites son un intento de mantener mejores relaciones sin perder la cordura y, al igual que las personas, están en constante movimiento, cambian a través del tiempo y el espacio.

Y entonces, estimado lector, ¿por qué llega a sentarnos mal el poner límites, si realmente tratamos de mejorar las relaciones?

Creo que una respuesta inmediata es que no nos gusta ser los policías de la frontera o los malos de la película. La idea geográfica de donde viene la palabra límite nos hace visualizar restricciones y divisiones.

Ahora, reconozcamos que poner límites en una situación de "normalidad" es ya algo de por sí complicado y ponerlos en situaciones extraordinarias o desconocidas, como son las distintas discapacidades, es sin lugar a duda un nivel más avanzado de complejidad.

La discapacidad es una situación fuera de lo común por lo que nos deja abierta la pregunta de: ¿Qué es un límite normal ante una situación anormal? ¿Una nalgada es normal?, ¿dos?... ¿Cómo saber qué es lo adecuado de nuestra "civilizada época"?

La discapacidad por sí misma es una limitante que permite la entrada a temas como la culpa, los mitos o simplemente un deseo amoroso y genuino de no dañar al otro que termina en permisividad. ¿Cómo castigar a alguien que sufre? Ya bastante tienen con su discapacidad, ¿por qué restringirles el tiempo con el iPad?

Como en todo, corremos el peligro de quedar limitados dentro de nuestros propios límites, formamos territorios circulares que se transforman en ciclos viciosos en donde la falta de límites y sus consecuencias se repiten una y otra vez o suceden límites rígidos e inamovibles en donde, a pesar de que todo lo demás cambia, las normas permanecen y crean división e incomprensión así como sensaciones de injusticias.

Nuestros límites deben madurar junto con nuestras experiencias y conocimientos. No es nuestra obligación saber cuáles son los límites correctos para cada situación pero podemos aventurarnos a descubrir cuáles son los límites funcionales y tratar de aplicarlos. Pero incluso al conocer los límites que funcionan con cada persona o con cada tipo de discapacidad es necesario ser flexibles para poder adaptarnos a los cambios que vienen de la mano con la discapacidad y entonces también sobrevivir.

No, no es fácil poner límites pero tampoco nos hace menos comprensibles ni menos amorosos. Los límites suceden por el deseo de una mejor relación con respeto y afecto para encontrarnos en nuestros puntos flexibles.

Perder en rigidez es ganar en humildad.

Esta imagen representa el permiso que nos damos para abrir lo estructurado, si lo logramos nos encontraremos.

Protección, sobreprotección y discapacidad: un acto de amor

Un día, la madre de una persona con discapacidad me preguntó: "¿Hay alguna posibilidad de no sobreproteger a los hijos con discapacidad?".

Analicemos un poco esta pregunta mi atento lector pues corremos el riesgo de saltar a una respuesta apresurada nacida de la lógica de la razón y olvidarnos de la vivencia emocional.

La sobreprotección no es algo que sea de algunos padres de familia o de miembros específicos de la misma, no nace de la falta de educación o ignorancia, la sobreprotección es un acto de amor que se ha fundamentado a lo largo de nuestra historia como sociedad.

Hemos aprendido que las personas vulnerables o con discapacidad deben de ser protegidas porque tenemos la creencia de que ellos no pueden cuidarse por sí mismos. De hecho, el término legal para una persona con discapacidad que necesita de un tutor es: "presunto incapaz" y después es oficialmente declarada como persona "incapacitada", algo "bueno" porque significa que va a recibir apoyo.

Me gustaría, estimado lector, que me acompañaras en un breve recorrido de la historia de la discapacidad para que quizá pueda quedar más claro por qué hemos aprendido a sobreproteger a aquellos que vemos diferentes, vulnerables o débiles.

A lo largo de nuestra historia hay una extraordinaria evolución respecto a lo que creemos de las personas con discapacidad y sus derechos. Los diferentes significados otorgados son propios de cada contexto sociocultural y reflejan el pensamiento de una sociedad en un momento histórico particular.

En culturas antiguas, por ejemplo, se creía que la discapacidad se debía a un castigo divino u obra maligna. Tener un hijo con discapacidad era de las cosas más indeseables que podían pasar porque quería decir que la familia merecía ser castigada. Se sostenían en un pensamiento mágico-religioso y no era extraño que estas personas con discapacidad fueran abandonadas, aisladas o incluso se les causara la muerte.

Para el siglo XV aparecen las primeras instituciones para personas con discapacidad denominadas "manicomios". Que como su nombre lo indica era un "lugar donde cuidan a los locos", las personas eran segregadas y estigmatizadas, dejaban de formar parte de la sociedad y muchas veces eran sometidos a terribles experimentos o tratamientos para su "mejora".

Fue a finales del siglo XIX y con la llegada de la Segunda Guerra Mundial que se comenzó a percibir a la discapacidad desde un punto de vista médico-asistencial. En la guerra, debido a las numerosas discapacidades que surgieron de los heridos, se consideró "héroes" por primera vez a algunas personas con discapacidad.

En ese tiempo se crean los primeros Centros de Educación Especial pero con enfoques extremadamente paternalistas, es decir, necesitaban alguien que los cuidara porque ellos mismos no tenían la fuerza suficiente. La percepción de extrema dependencia, la tendencia a la protección y las actitudes de discriminación social y laboral refuerzan el "no pueden". Significado que arrastramos hasta el día de hoy de distintas maneras.

Para la segunda mitad del siglo XX y gracias a las mismas personas con discapacidad y sus familias comienzan a formarse las primeras asociaciones para defender sus derechos como personas y formar parte de esta sociedad.

Es un camino largo y lento en el que hemos pasado de términos despectivos como: sufrientes (que la persona sufre o padece), minusválidos (menos válidos), subnormales (denigración), mongol (despectivo y racista), personas "idiotas" (ofensivo como tantos otros) y terribles términos que todavía hoy en día escuchamos. Afortunadamente estos términos se han corregido poco a poco para reconocer a las personas con discapacidad con derechos y capacidades.

El contexto sociocultural y nuestro tiempo nos han traído hasta aquí como decía en un inicio mi buen lector.

Hoy nos dicen que la sobreprotección es algo malo y que le hacemos daño a la persona con discapacidad y también al resto de la familia. Cada grupo familiar lo debe revisar pero especialmente los padres.

Debemos reconocer también que la sobreprotección se trata de un intento de cuidado afectivo. ¿Qué padre quiere ver sufrir a su hijo? Si les podemos facilitar algunas cosas en la vida tan difícil que les ha tocado vivir, ¿por qué es malo hacerlo?

Llevamos una evolución histórica caminada alrededor del entendimiento de la discapacidad donde se nos ha dicho que las personas discapacitadas son personas que sufren y que sirven para ser cuidadas, por más feo que esto pueda sonar.

Los vemos como dependientes de los padres o de las distintas asociaciones e instituciones especiales. Legalmente son "personas de custodia" o como mencioné anteriormente: "incapacitados". Estos términos convierten a los que los custodian (padres, familiares o tutores) en una especie de guardianes con la obligación de protegerlos.

Así que no es raro concluir que la sobreprotección es socioculturalmente aprendida a lo largo de nuestra historia.

Hace un par de años mis papás tenían un viaje y me pidieron que lo cuidara...

Qué curiosa es la terminología en la que estamos socialmente envueltos y que percibimos como normal "cuidar al hermanito", por ejemplo. Entendemos la expresión sin embargo dejamos a un lado opciones como: "¿Te gustaría pasar un par de días con tu hermano?", "¿quisieras acompañarlo mientras no estamos?", "a tu hermano le gustaría quedarse contigo cuando salimos nosotros, ¿qué te parece?".

No es que esté mal pero es importante darnos cuenta de cómo hablamos y cómo esto puede influenciar la manera en que vemos a las personas con discapacidad y a nosotros mismos. Los hacemos pequeños y corremos el riesgo sin darnos cuenta de hacerlos menos.

Relacionamos que a un bebé se le cuida, se le da de comer,

se le baña, se le cambia el pañal… Las personas con capacidades diferentes no son bebés a los que hay que cuidar son niños, jóvenes o adultos a los que hay que aprender a tratar como tales de acuerdo con su condición específica.

Aquella vez que acepté cuidar a Pablo se me ocurrió aprovechar ese espacio de estar con él como una buena oportunidad para irnos a la playa. Si íbamos a pasar un tiempo juntos qué mejor que fuera en el mar y no encerrados en casa.

Así fue que busqué hacerlo realidad. Le pedí a mi esposo y a Josefina una joven que apoya a mi mamá con los cuidados de Pablo que nos acompañaran en esta travesía sin papás. En el lugar de destino viven familiares así que sabía que estarían gustosos de recibirnos.

Pablo y yo nos encargamos de las invitaciones y nos volvimos cómplices del viaje sin papás que jamás habíamos hecho.

Al estar allá, llegó la verdadera aventura: meternos al mar. Ir y nadar en el mar se dice fácil pero hacerlo con una persona con discapacidad es mucho más complicado.

Me considero una apasionada del mar y de toda la vida marina, siempre he pensado que si no me hubiera dedicado a la psicología sería una excelente bióloga marina que se la pasaría sumergida bajo el mar. Moría por compartir con Pablo el enorme gozo que tengo de nadar en el mar además de que sabía que Pablo llevaba al menos ocho años sin meterse en él.

Siempre hemos procurado, especialmente mis papás, prevenir actividades que puedan complicarle su situación delicada pulmonar o traerle gripas no deseadas que puedan evolucionar en algo peor. Por eso mi hermano Pablo usa suéter en verano y viste como esquimal en invierno. Jamás lo verás sin calcetines y su color de piel es permanentemente blanco como la nieve o rojo camarón si es que el sol lo ha tocado un poco. Por supuesto que nadar en el mar está fuera de sus actividades "seguras" contra enfermedades respiratorias.

Debíamos esperar un día cálido y sin mucho viento porque es real que mi hermano tiene una condición delicada en sus pulmones y que si llega a "agarrar un resfriado" se puede complicar fácilmente en una neumonía. Debía ser una playa con poca gente porque a Pablo le molesta el ruido, al punto de alterarse demasiado. Tenía que ser también una playa que tuviera el mínimo acceso para silla de ruedas y nos facilitara la entrada al mar porque Pablo pesa unos cuarenta kilos y cargarlo no era la mejor opción. Además, debíamos llevar distintos medicamentos que cubrieran cualquier "por si llega a pasar alguna complicación…", sin contar la prevención exagerada de toallas para que no se fuera a enfriar al salir del mar.

Por ello no es raro que mis padres prefieran no llevarlo al mar y se ahorren así tanta complicación. Pues esto y más es lo que protegemos día a día con Pablo, para que no le pase nada… para que esté bien.

Pero yo quería que Pablo viviera nuevamente la sensación de flotar en agua salada, de ser revolcado por las olas y que el sol lo terminara de bañar en una cálida brisa de mar. Esperaba que al hacerlo no se pensara que no lo protegía.

Una vez instalados Pablo se bajó solo de su silla y se puso a agarrar puñados de arena con sus manos para aventarlos al mar o bien a nosotros. De repente comenzó a gatear rápidamente hacia las olas del mar e impresionados lo seguimos hasta que le ofrecimos ayuda para que caminara y no le cayeran las olas en la cara.

Pablo gritaba con una enorme sonrisa cada que venía una ola. No importaba que le cayeran en la cara él se lanzaba al mar poniéndonos a todos en un lío para sostenerlo y que no se lo fuera a llevar la corriente o algo similar. Fue uno de los mejores días que he compartido con mi hermano.

No lo dejé de proteger… y probablemente algunos podrían decir que lo sobreprotegí (especialmente cuando salió de la playa, envuelto en cuatro toallas extra grandes) pero salí de mi zona de confort como hermana mayor y me atreví a llevar a mi hermano con parálisis cerebral a nadar al mar.

Estamos acostumbrados a un sistema donde debemos tener a las personas con discapacidad en casa, protegidas y aisladas del resto del mundo para que no les pase nada... pero, efectivamente, nada pasaría con ellos. Hay que desacostumbrarnos de este sistema para formar "una nueva realidad". Como dijo un reconocido economista alguna vez: "Lo difícil no es tener nuevas ideas sino dejar de tener las mismas ideas una y otra vez". Más de lo mismo nos promete el mismo resultado pero algo nuevo por mínimo que sea nos asegura una forma diferente.

Un hijo sobreprotegido no crea sólo un hijo dependiente sino una familia entera envuelta en la red de esta dependencia. El temor es que cuando llegan a faltar los papás los hermanos somos los siguientes en la lista para "cargar" con esa custodia de dependencia o alguna institución.

Así que piensa otra vez, mi estimado lector... ¿Hay alguna posibilidad de no sobreproteger a los hijos con discapacidad?

Yo pienso que no o al menos no del todo. Lo que nos queda es hacernos conscientes de la sobreprotección y buscar nuevas ideas para disminuirla en pro de hacernos crecer y ser independientes como familia.

La silueta de Pablo en el hermoso mar de Mazatlán, Sinaloa. Fotografía tomada por mi papá.

Daniela, Josefina, Nayar, Pablo y Gabriel (Peco) el día en que llevamos a Pablo al mar.

Pablo "consolando" a su primo Gabriel (Peco) que se sentía cansado.

CAPÍTULO 6. NUESTRA SOCIEDAD

No existe resiliencia si no se metamorfosea el dolor y se llena de significado.

BORIS CYRULNIK

Nadar en la superficie

Nadar es escribir con el cuerpo, te desplazas como quieras y puedes sentir cada movimiento al lado de una ligera corriente que te acompaña. En el momento en que te sumerges el mundo es distinto. Es como si el tiempo se volviera un video en cámara lenta con un sonido extrañamente agudizado y quieto, tan quieto que te aísla en tu cuerpo. Solamente están, tú, el agua y la quietud.

Alguna vez, al convivir con buzos en las hermosas playas de La Paz, Baja California, me tocó conocer a un apneísta profesional. Un deportista que voluntariamente suspende su respiración mientras alcanza grandes distancias en las profundidades del mar sin contar con ningún equipo de oxígeno, solo él y su mente. En una oportunidad le pregunté lo que probablemente preguntaría cualquier novato interesado en la razón de ser de esa disciplina.

—¿Te ha dado miedo no calcular bien tu oxígeno y no tener suficiente aire para volver a la superficie?

—Más de una vez he pensado, ¿realmente quiero regresar a la

superficie? —Me respondió con seriedad.

Su respuesta me pareció sumamente triste como si no hubiera una razón suficientemente fuerte para volver a respirar vida. Cuán triste puede estar este hombre que no quiere volver al mundo superficial en el que la gravedad nos recuerda cuánto pesamos.

Cuando te sumerges en la profundidad te encuentras en un mundo en el que te sostienen con una levedad casi irresistible, como si se tratara de un mundo de fantasía en el que al flotar puedes percibir una sensación semejante a lo que sería volar. No hablas pero sí escuchas el eco de la profundidad.

A nadie le viene mal el movimiento, mucho menos a las personas que se les dificulta moverse. No sé mucho acerca de parálisis cerebral que pueda ser teóricamente respaldable sin embargo mi propia experiencia como hermana de alguien con este diagnóstico me ha llevado a estar segura de que el movimiento del cuerpo es vital para las mejoras físicas y mentales de cualquier persona pero sobre todo necesarias para personas con parálisis.

Alrededor del año 2012 en el que yo estaba preocupada por Pablo y sus actividades diarias que en general consistían en estar sentado o acostado 80% del tiempo. Me llenaba de impotencia ver a Pablo y querer compartirle tan sólo un poco de la belleza que hace el movimiento físico.

Sabía y entendía, al igual que lo hago hoy, que hay cosas que él no puede hacer por su condición física e intelectual pero a la vez estaba consciente de cuántas cosas sí podía hacer y por nuestra comodidad y costumbre (mía y de mi familia) no las hacía. Por eso mismo decidí tomar riendas en el asunto e involucrarme en su movimiento.

Hice mis investigaciones necesarias sobre los deportes que podría practicar mi hermano, o por lo menos intentar, lo que me llevó a pensar en la natación. Qué mejor actividad de movimiento que una en la que su cuerpo espástico tenga total libertad de movimiento sin que le pese. Además de que fortalecería sus músculos, no hay impacto en articulaciones y lo más atractivo de todo: no es necesario saber caminar para poder nadar.

"Nadaremos, na-da-remos...", canté en voz alta mientras imitaba a Dory de la película de *Buscando a Nemo*, pero sobre todo expresaba la ilusión que me hacía llevar a Pablo a una nueva actividad en la que su cuerpo pudiera moverse.

Fui a preguntar a un par de escuelas de natación que no estaban tan lejos de casa, buscaba alguna clase particular o bien clases grupales en las que pudiera incluirse Pablo. Lo que descubrí fue nuestra primera dificultad en este reciente gran objetivo: las escuelas no estaban preparadas para recibir a personas con discapacidad.

La escuela en la que se mostraron más accesibles me dijeron que no podían aceptar a alguien con las condiciones físicas e intelectuales como las de mi hermano pues no se hacían responsables si algo le llegase a ocurrir, además de darme a entender que no estaban capacitados para trabajar con personas de su condición. Lo que me ofrecieron después de mi incómoda insistencia fue que yo me metiera a nadar con Pablo en un horario donde casi no asistía gente (haciéndome yo responsable de él y lo que le llegase a pasar) y que me podían apoyar con que la instructora de la escuela de natación me enseñara los ejercicios sugeridos a realizar con él. Acepté a pesar de que no era el plan original, me pareció buena idea poder aprovechar ese tiempo para convivir con mi hermano menor en una actividad que me gusta tanto sin embargo ni Pablo ni yo estábamos preparados para los retos que implicaban esta bonita meta fraternal.

Día uno de natación: teníamos nuestra "clase" a las 11:30 am. Mi mamá le preparó a Pablo una maleta tamaño viaje para una semana con todo lo que él pudiera necesitar en natación. Definitivamente nada faltó… Al menos no de la maleta.

La escuela de natación se encuentra en una calle que no es principal —algo típico en nuestra ciudad, en temporada de lluvia las calles no principales se distinguen por la cantidad de baches que pueden llegar a tener, así como el récord en llantas ponchadas que puedan ocasionar—. Así que había que ir con cuidado para no caer en un hoyo del pavimento y bajarnos, de preferencia, en la puerta de la escuela.

La calle de enfrente de la natación es una vía de doble sentido para los autos que, aunque la banqueta está marcada con amarillo para prohibir estacionarse ahí, parece que la regla es la contraria pues estaba llena de coches estacionados. Todo ello acorde al orden vial distintivo también de nuestra ciudad que dejaba escaso y complicado paso a cualquier auto que se atreviera a pasar por ahí.

Decididos a emprender esta aventura del movimiento físico Pablo y yo llegamos en una camioneta mamá-móvil, esquivamos triunfantemente los baches del pavimento y el pasadizo de un solo pasillo. A pesar de que se trataba del horario menos concurrido en el que nos habían solicitado asistir los seis o siete cajones de estacionamiento de la escuela de natación ya estaban tomados. Así es, incluían los que estaban reservados para personas con discapacidad evidentemente ocupados por personas que se autodenominan no capaces para buscar un estacionamiento más lejano que sí les corresponda y que no irrumpa la "ley" de la federación.

Pablo y yo necesitábamos bajarnos del coche lo más cercano a la puerta de entrada de la escuela pues, si para los coches era complicado el paso entre baches, un solo sentido y la no amabilidad a las reglas de vialidad, era impensable el paso para un par de hermanos con una silla de ruedas, una maleta y cargar con todo lo necesario que nos había enviado nuestra madre.

Me coloqué detrás de los carros que ocupaban el espacio que le correspondería a alguien con silla de ruedas y encendí las luces intermitentes en lo que decidía qué hacer. Tuvimos la fortuna de que un joven que lavaba los coches en esa calle, de nombre Carlos, se dio cuenta de nuestra situación y se ofreció a ayudarme a bajar la silla de ruedas y apoyarme para bajar también a mi hermano. Por si esto fuera poco, también se ofreció a estacionar la camioneta para que nosotros pudiéramos entrar juntos. Él no era precisamente un *vallet parking* pero, como lo había visto anteriormente y mis opciones no eran muchas, decidí confiar en él.

Entramos e inscribí a Pablo en la recepción, a mí no me cobraron nada pues habíamos acordado que yo iba a ser su instructora particular no formalmente contratada pero sí coacheada por la verdadera instructora.

Como no había un baño o una zona para personas con discapacidad me indicaron que cambiara a Pablo en el baño de mujeres lo cual no fue realmente necesario porque estábamos prácticamente listos para entrar al agua pero necesitábamos saber dónde podíamos bañarnos después de nadar.

Como ya lo he dicho antes, mi hermano es muy delicado de sus pulmones y de las vías respiratorias. Ante cualquier cambio de temperatura es normal que su organismo lo tome como la excusa para adquirir un virus. Mi mamá le llama "hiperreactividad". Supongo que algún doctor lo tendrá bien diagnosticado al respecto pero en definidas cuentas se enferma muy fácil y por eso solemos llevar los cuidados al límite de lo exagerado.

Nos dirigimos al baño de mujeres para dejar las cosas todavía con la silla de ruedas y la maleta con todo lo necesario para nadar y más. Como me lo imaginé, nosotros y todo nuestro equipo no cabíamos por la estrecha puerta, o entraba la silla o entraba la maleta o entraba Pablo o entraba yo. Volteé a mi alrededor y sentí un poco de pena pues necesitaba ayuda y el muchacho de la recepción estaba en una llamada misma que no interrumpió para apoyarnos y frente a él estaba una señora sentada en una silla de plástico quien nos observó sólo de reojo y volteó su mirada en cuanto yo la vi para pedirle ayuda. No se le vio la más mínima intención de ayudarnos en nuestra encrucijada.

Seguí mi instinto resolutivo y dejé a Pablo a un metro de la entrada al baño, abrí la puerta y aventé la maleta adentro, posteriormente encajé mi pie en el marco de la puerta para sostenerla y con mis manos jalé la silla de ruedas con Pablo. En ese momento me di cuenta de que la silla de ruedas no entraba por el marco de la puerta que era demasiado estrecho. ¡Lo que nos faltaba!

Le dije a Pablo que teníamos que pensar otra manera y él sólo me observaba, vistiendo sus googles en su cabeza. Finalmente descubrí que si levantaba dos llantas de la silla claro, cuidando de no tirar al hermanito, podía saltar el marco que obstaculizaba la entrada y conseguir el ingreso al baño. Así lo hice y resultó una hazaña exitosa.

Una vez adentro del baño de mujeres vimos que la primer área era más bien un vestidor, los baños se encontraban al pasar esta zona destinada para cambiarse de ropa que contaba con muchos lockers numerados y cerrados con candado y, al centro, dos bancas alargadas color gris. Pensé que esos lockers debían de ser muy útiles como para no cargar con una maleta.

A la izquierda había cuatro lavamanos y si ponías mucha atención más a la izquierda se encontraban dos pequeños vestidores con puerta (supongo que para las mujeres más pudorosas) incrustados en el rincón de la entrada lo que explicaba la dificultad que vivimos al principio por falta de espacio.

Después había una pared que dividía la parte de los inodoros del lado izquierdo y del lado derecho las regaderas. Le eché un vistazo a la segunda parte y me di cuenta de que, si no prevenía cómo bañar a Pablo después de nadar, la combinación de estar mojados e hiperreactividad pulmonar podía resultar catastrófica.

Ninguna regadera contaba con un barandal de apoyo ni tampoco piso de hule para no resbalarnos. Veía difícil bañar a Pablo en esas condiciones pero no quería abortar la misión si ya habíamos llegado tan lejos. Le pedí entonces a Pablo que me esperara un poco ahí sentado, le prometí que ya pronto íbamos a nadar y obedientemente se quedó con su mano colocada en la maleta que estaba recargada al costado de su silla de ruedas.

Mientras Pablo y yo vivíamos toda nuestra Odisea otras mujeres entraban y salían del vestidor hacia el área de la alberca o hacia la recepción por donde nosotros habíamos entrado. Ninguna cruzó palabra con nosotros.

Salí por la puerta por la que no entra una silla de ruedas y le pedí al amable joven de la recepción que si podía tomar prestada una silla de plástico (igual a aquella en la que estaba sentada la señora que mencioné anteriormente). Eran sillas estilo "coca-cola" por lo cual si se mojaba no causaría ningún daño. Le expliqué que la iba a necesitar para bañar a mi hermano y así evitar empapar su silla de ruedas o arriesgar una fea caída de resbalón (de él o mía).

Me prestaron la silla que por cierto también fue complicado ingresar por la estrecha puerta para entrar al baño/vestidor pero lo conseguí al primer rudo intento. Volví con Pablo, le expliqué que era importante que pusiéramos una silla de plástico en la regadera para prevenir nuestra salida de la alberca y también quería justificarme por tardar tanto en entrar al agua. Hasta ese momento había sido yo la que me estaba llevando todo el ejercicio físico.

Tomé de la maleta los gorritos de nado, mis googles y tres toallas (dos para Pablo y una para mí). Se los di a Pablo y me dispuse a atravesar la siguiente puerta para por fin salir a la zona de la alberca que resultó ser más amplia que la puerta anterior y la silla de ruedas encajó sin problemas lo único fue que estaba bastante pesada y se cerraba sola con el peso por lo que, empujar puerta y silla de ruedas al mismo tiempo, resultó doloroso para los dedos de mi pie con los que me apoyé.

Al menos unos 45 minutos después de haber llegado en el carro a la escuela de natación finalmente estábamos en el área de la piscina. Por suerte habíamos llegado antes de la hora de la clase que, aunque ya íbamos tarde, todavía nos quedaba una media hora para estar en el agua. Nos saludó amablemente la instructora que nos daría las indicaciones de los ejercicios que Pablo iba a hacer y nos acercamos con la silla de ruedas hasta un barandal con tres escalones para meternos a nadar. Usamos la silla como tendedero de toallas y ayudé a Pablo a bajar por las escaleritas de la alberca para que diera unos pininos desequilibrados hacia el agua.

Mientras nadamos nos imaginamos un mundo submarino lleno de peces de colores y quizás hasta tiburones y fuimos directores de nuestra propia orquesta de burbujas que flotaban en la alberca después de nuestras carcajadas. El agua nos cargaba y abrazaba y ambos nos dejamos llevar en la sensación de ser cargados y dejar ahí nuestras angustias. Pablo se movió como nunca se mueve en la superficie. Fue genial.

La salida, como era de imaginarse, fue cuidadosa y de muchos "momentitos" de dejar a Pablo esperándome en su silla de ruedas, envuelto en las tres toallas (sí, también la mía), para que yo pudiera hacer los movimientos necesarios para sacar a Pablo del área de la alberca, subirse, bajarse, bañarse, secarse, cambiarse, sentarse de vuelta en su silla de ruedas, caber por la puerta, encontrar a Carlos (quien se había llevado la camioneta) y regresar a la mamá-móvil rumbo a casa.

He ido a nadar incontables veces por mi cuenta en un tiempo sumamente medible de una hora y quince minutos máximo: llego y dejo mis cosas (3 minutos), nado (1 hora), me baño (6 minutos), estoy lista (5 minutos), me voy (1 minuto).

Con Pablo la medición del tiempo comienza desde antes: salir de casa (alrededor de una hora u hora y media… o a veces, si depende de su humor puede ser que no logremos salir de casa). Llegar y dejar las cosas (15 o 30 minutos, depende si hay lugar de estacionamiento de discapacidad y si alguien nos apoya a bajar la silla de ruedas y a Pablo). Nadar (a lo mucho treinta minutos, más bien menos). Bañarse después de nadar (por lo menos otra media hora que implica bañar a Pablo a toda velocidad para que no se enfríe, secarlo, cambiarlo y dejarlo esperando en su silla de ruedas afuera de la regadera en lo que yo me doy una rápida enjuagada también. Guardar las cosas en la maleta y devolver la silla de plástico a su lugar (otros 5 minutos). Salir y subirse al carro (10 minutos o más).

El tiempo con Pablo se maneja de forma diferente, las medidas nunca son fijas ni exactas. Tiene un calendario en su cuarto donde normalmente a eso de las seis de la tarde decide que se terminó el día y pone un día nuevo en su calendario y, si viene su fisioterapeuta favorito, puede adelantar el calendario hasta una semana, según su conveniencia.

Como avanza el reloj con mi hermano es algo así como su forma de nadar: la más original que se pueda presenciar. Su cuerpo escribe en el agua que no puede solo aunque se trate de un deporte "solitario". Para Pablo no lo es, él lo comparte. Se mueve lento y concreto y luego se detiene porque siempre tiene mucho que decir en el inter aunque supuestamente no se habla mientras nadas pero él aunque esté bajo el agua sigue hablando. Y la realidad es que necesita apoyo para poder tomar su siguiente bocanada de aire y motivación para encontrarle sentido.

Muchas veces nos encontramos nadando en un mundo superficial donde hay señoras sentadas en sillas de plástico que prefieren mirar a otro lado antes de apoyar a alguien que necesita la ayuda. Lo veo y nos veo con tantas dificultades externas dentro de una sociedad en la que cuesta trabajo llegar a la profundidad de las experiencias y en esos momentos recuerdo lo que me dijo este amigo mío que practica apnea en el fondo del mar ¿si logramos alcanzar la profundidad realmente queremos volver a la superficie?

Pienso entonces también en la sonrisa de mi hermano mientras nada. Pablo no camina pero dentro del agua (si sus pies tocan el suelo) sí que lo hace, desequilibrado pero bien acompañado de su emocionante carcajada y eso, mi atento lector, hace que todo lo que vivimos para llegar ahí valga la pena.

Cada sensación de lentitud y reto que tuvimos para poder sumergirnos en el agua valen su sonrisa por dar pasos sostenidos por el agua. Al día siguiente estábamos ahí para volver a nadar.

Actualmente Pablo sigue nadando sin olvidar todo lo que aprendió en sus clases conmigo. Cada que va a una alberca le encanta decirle a los demás cómo pueden nadar mejor.

Pablo en sus clases de natación.

Pablo y Dany con ejercicios de natación de forma independiente.

Pablo y Dany con ejercicios de natación de forma independiente.

CAPÍTULO 7. NECESIDADES ESPECIALES

Escuchar las emociones

No es nada fácil reconocer nuestras necesidades sobre todo emocionalmente. Es más fácil poner atención al ruido que pueden hacer y confiar en que pasarán por sí solas, esperamos que el tiempo lo resuelva. En la discapacidad intelectual el control emocional puede llegar a ser mucho más complicado pues muchas veces no sólo no distinguen qué necesitan sino que tampoco saben pedirlo.

Pueden sentir hambre y entonces gritar, enojarse, patear, morder... pero no te van a decir que necesitan comer. Pueden estar cansados y llorar, irritarse e incluso hasta lastimarse a sí mismos pero no dirán que necesitan descansar... o que les duele el estómago, la cabeza, la garganta, el cuerpo... en fin, ¿cómo ayudarlos entonces?

Es posible observar una especie de bipolaridad en las personas con discapacidad en donde en un momento pueden estar muy bien y un par de segundos después, por algo que quizá no tenga explicación, se pueden transformar en el opuesto y es común que cauce una impotencia o cansancio, tanto físico y emocional en las personas que los rodean.

Me ha tocado ver a mi hermano Pablo en el humor más insoportable que ni él mismo se aguanta, con conductas aptas para el fin del mundo. Pero sus razones son otras y normalmente más simples como el que su iPod se quede sin pila o que se tiró el agua que tenía en su vaso o que el gato se subió a su cama o la más común: que no le gustó que lo apresuremos.

Con los adultos "normales", si lo piensas bien querido lector, no somos tan diferentes. Aunque cada día nos esforzamos por ser personas civilizadas y no perder el control por situaciones como tener hambre reaccionamos ante lo que sentimos y muchas veces sin escucharnos.

A veces comemos cuando en realidad no teníamos hambre, quizá teníamos sed. Otras veces tomamos pastillas para el dolor de cabeza para aliviar el malestar aunque nuestra verdadera necesidad pueda ser descansar. ¿Qué necesitamos detrás de las emociones que sentimos?

Tenía por lo menos unos ocho años, quizá nueve, cuando estaba entusiasmada por llevar a cabo un plan que podía hacer que mi hermano Pablo aprendiera a caminar a pesar de su discapacidad. A esa edad no es difícil creer en los milagros.

Mis papás habían comprado una caminadora para hacer ejercicio en casa y yo le había encontrado gran diversión al control de la velocidad de ese aparato. Qué gran idea tuve cuando fui consciente de que ese aparato tenía diferentes niveles de velocidad entre ellos el más mínimo equiparable a un paso de tortuga. Una velocidad ideal para los pasos de Pablo y, además, contaba con unas agarraderas a los costados de la banda giratoria (donde se camina) ideales para que Pablo se pudiera sostener colgado de sus brazos.

Convencí a mi mamá para que yo fuera la "maestra" de Pablo en la caminadora y que todos los días tuviera su clase un ratito por la tarde antes de mi clase de flamenco.

Siempre me ha gustado ser maestra y esta oportunidad no la iba a desperdiciar. Lo planeé muy bien: tenía ejercicios preparados y desarrollados por día, clase por clase, con temática y todo. Sabía que a Pablo también le iba a entusiasmar pues como hermanos nos gustaba mucho jugar juntos.

Parte de mi labor como maestra era sujetar con fuerza a Pablo de sus manos para que juntos pudiéramos sostener los barandales de apoyo de la caminadora. Pablo estaba muy pequeño y no alcanzaba a sujetarse bien. Sus brazos le quedaban muy estirados hacia arriba como para poder sujetarse con sus deditos y así dar sus pininos.

Si yo tenía como nueve años Pablo debía tener unos cinco y físicamente parecía de tres o hasta menos. Siempre le hemos dicho que nos comparta su secreto para la eterna juventud pues como Peter Pan es el niño que nunca creció.

Sin importar su estatura y, aún con sus pequeñitos pies de muñeco, Pablo caminaba con mi ayuda. Lento, muy lento pero avanzaba, un piesito tras otro. Yo me dedicaba a echarle porras, lo sujetaba fuerte y lo animaba a dar el siguiente paso e incluso a que aprendiera a sujetarse solo.

Cada paso era digno de una celebración y en mi mente de niña todavía bastante ingenua creía con todo mi corazón que si Pablo completaba el curso completo de caminadora al final del año ya estaría caminando por sí solo.

Llevábamos al menos unas dos semanas del curso de caminadora y todo iba excelente, a Pablo le encantaba y a mí me realizaba. Pablo y yo jugábamos a que éramos leones e íbamos a subir la roca del rey, caminábamos en la banda de la caminadora mientras que mi mamá nos acompañaba leyendo su libro, a unos metros de distancia de nosotros. Supongo que también supervisaba mi talento de enseñanza para Pablo pero me gustaba que estuviera ahí.

Quise que Pablo diera un par de pasos por sí solo para mostrarle a mi mamá lo bien que lo hacía. Ambos llamamos la atención de mamá para que volteara a ver la gran hazaña y Pablo se dispuso a enseñarle a mamá como lo hacía él solo. Se sostuvo con trabajo pero, aunque la caminadora iba en el nivel más lento imaginable, Pablo no tuvo tiempo de cambiar un pie adelante del otro y sostenerse a la vez por lo que tropezó con su propio pie y cayó hacia atrás y aterrizó de espaldas con su cabeza en el filo de una puerta corrediza de vidrio que estaba al costado de la caminadora.

Traté de sostenerlo pero tampoco me dio tiempo. Lo vi como en cámara lenta, sentí en mi estómago eso que se siente en los desniveles de la carretera cuando vas en el coche y hay repentinamente una bajada. Recuerdo bien que al caer hubo un silencio de un par de segundos en el que inmediatamente asumí que estaba bien y había sido sólo un susto pero que realmente no le había pasado nada.

Después de ese par de segundos el silencio se volvió un estruendo sonido de llanto en grito proveniente de Pablo. Mi mamá corrió a nuestro encuentro, me quitó a Pablo de los brazos y lo cargó para consolarlo. Yo caminaba atrás de ella y le decía que yo lo había visto que no le había pasado nada.

Temía que mi clase de caminadora se viera afectada por este incidente y que el plan de que Pablo pudiera caminar con mi ayuda como docente fracasara.

El llanto era realmente fuerte, tanto que incluso llegué a molestarme con Pablo, como buena hermana pensaba que estaba siendo exagerado y que "ni aguantaba nada". Después de este drama seguro no nos iban a dejar subir a la caminadora otra vez.

Mi mamá trataba de consolar a Pablo, caminaba de un lado a otro del cuarto, lo cargaba y yo detrás de ellos. En algún momento entre el llanto y mi alegato defensor de la clase de caminadora, mi mamá le sostuvo la cabeza a Pablo con su mano y se dio cuenta de que estaba sangrando.

—Está sangrando, ¡VAMOS AL HOSPITAL YA! ¡Dany!, agarra la mochila de Pablo y mi bolsa, súbete al carro. Llámale a Martín y tráete también una toalla.

Me sentí la peor persona del planeta tierra pues había acusado a mi hermano de ser un dramático exagerado sin tolerancia a una "caidita" pero realmente se había lastimado su cabeza bajo mi cuidado.

Íbamos camino al hospital y Pablo no paraba de llorar. Su cara era color rojo, no me extraña pues realmente debía ser mucho esfuerzo todo ese llanto continuo. Nos atendieron en urgencias e inmediatamente nos pasaron a un cuarto para poder coserle la cabeza a Pablo. Estuve ahí presente en todo momento, sumergida en mis pensamientos de culpa y soledad, en una culpa silenciosa que, rodeada de gente, me sentía sola.

Cuando terminaron Pablo paró de llorar. Se lo llevaron entonces a recuperación y mamá se fue a llenar papeleo del hospital, mientras a mí me dejaron sentada en el cuarto donde había sido la intervención.

Miraba al suelo y vi mis zapatillas, recordé que llevaba puesto mi leotardo negro y mi falda de baile, lista para mi clase de flamenco que era justo después de la clase de caminadora de Pablo. Cuando me puse mi leotardo no me imaginaba que cambiaríamos el rumbo hacia urgencias en el hospital.

Años después todavía recordaba esta anécdota con dolor y fue justo en soledad donde pude abrazar a esa niña que se sintió sola y no supo hablar de sus emociones.

Hoy sé que las emociones no son ni positivas ni negativas simplemente son y existen por una razón. Tienen la función de proteger lo más valioso que tenemos las personas: nuestras necesidades básicas, lo más vulnerable en nosotros. Las emociones sirven como cobija de estas vulnerabilidades, las cubren para que no queden al descubierto. Probablemente, con la culpa que estaba sintiendo en aquella caída de mi hermano mientras lo cuidaba, yo también necesitaba consuelo aunque yo no llorara sin descanso. Necesitaba que alguien me dijera que no fue mi culpa y que valoraran lo que había intentado hacer.

Las emociones existen precisamente para comunicarnos nuestras necesidades por lo que, si nos damos el tiempo para escucharlas, podremos conectar con mayor facilidad con nuestras necesidades.

Daniela de seis años y Pablo de tres años.

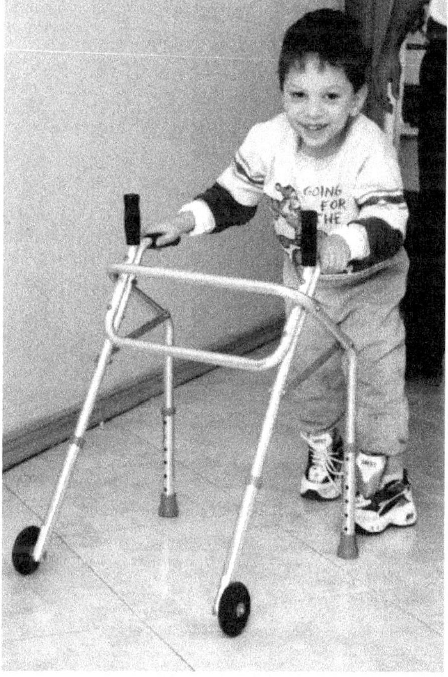

Pablo aprende a caminar con su primer andador.

Cada quien a su paso

Soy consciente que para algunos es necesario ir rápido pues si se detienen el mundo nos puede dejar atrás y las emociones que no son tan notorias con la velocidad se hacen presentes en los momentos de "alto".

En la discapacidad los altos son obligatorios pero esto no significa que los pequeños detalles van a ser vistos. Necesitamos poner atención y dar un espacio para respirar profundamente lo que vivimos a veces para darle sentido. La soledad puede ser nuestra medicina para encontrar el valor de las equivocaciones y situaciones no deseadas, si nos llenamos de "prisa" no escuchamos el murmullo del silencio.

Hacer introspección es difícil pero necesario. A los hermanos de personas con discapacidad nos toca vivir muchas situaciones que muchos hermanos no viven. Vemos hospitales, urgencias, miedos, preocupaciones y alertas. Corremos y nos detenemos. Sin embargo, si tapamos estas experiencias vividas con ruido, medios de comunicación…, desconexión del aquí y el ahora, difícilmente vamos a recuperar la fortaleza que nos trae ser parte de esta familia especial.

Solamente cuando estamos solos podemos recuperar el dominio del tiempo que tenemos y de nuestras decisiones que nos hacen ser quienes somos.

El mundo en el que vivimos hoy nos da la apariencia de estar conectados con muchas personas debido a los distintos y vastos medios de comunicación; plataformas virtuales, chats, redes y cantidad de grupos sociales. Con la pandemia del Covid-19 en el 2020 nos hemos visto obligados a utilizar los medios virtuales en su máxima expresión aunque es un movimiento que ya lleva varios años en crecimiento.

Las grandes revoluciones modernas traen consigo un bombardeo tremendo de información, imágenes, ruido e ideas preconcebidas y dejan poco espacio a la reflexión y la escucha. Estamos en una montaña rusa de alta velocidad que tiene giros y nos pone de cabeza y sobre todo lleva prisa. Cada vez tenemos menos posibilidades para estar "solos" y aún cuando lo estamos tenemos todos los medios necesarios para mantenernos desconectados de nosotros mismos y conectados con todo lo demás.

Es real que somos seres sociales por naturaleza, sin embargo los perfiles que creamos para distinguirnos al mostrar una imagen con la que ojalá los demás puedan conectar y por la que debemos preocuparnos por alimentar y dejar una buena impresión nos lleva a la necesidad de crear una identidad que pueda encajar con la expectativa social y demostrar la buena vida que tenemos.

Que difícil debe ser para una familia con un miembro con discapacidad la necesidad de esforzarse, además de todo, para tratar de mantener una imagen socialmente adecuada, siendo que las diferentes capacidades intelectuales que se salen de lo "normal" suelen etiquetarse precisamente como lo opuesto a adecuadas.

Las sociedades occidentales y capitalistas (como en la que vivimos) nos muestran que lo "correcto" es premiar la velocidad, la actividad, los muchos y diferentes trabajos y la acumulación de experiencias. Y lo incorrecto es estar solos pues eso se lo dejamos a los inadaptados, antisociales, "haters" o raros. Prohibido el cansancio e inaceptada la tristeza o depresión.

A dónde pretendo llegar, mi estimado lector, es que todo este movimiento social con el que las nuevas generaciones nacen obliga a alejarnos del aquí y el ahora con la posibilidad casi interminable de información y comunicación. Por ejemplo, ¿cuántas personas no van al baño con un celular en la mano? Por supuesto que el tesoro que se puede encontrar en los desiertos de la soledad está siendo desvalorado.

La definición más común de soledad es la carencia de compañía. Suena triste, ¿no?, me hace recordar algo que una vez dijo Robin Williams el talentoso actor: "Solía pensar que la peor cosa en la vida era terminar solo. No lo es. Lo peor de la vida es terminar con alguien que te hace sentir solo". No hay peor soledad que estar rodeado de gente y sentirse solo.

Es ese sentimiento de soledad que nos puede aterrar y del que huimos y mejor nos subimos a una montaña rusa de alta velocidad que la vida nos ofrece. Pero como toda sensación de escape volvemos la mirada hacia atrás como para ver si algún fantasma nos persigue.

Sucede que cuando estamos rodeados de gente lo normal es que busquemos encajar en lo que el círculo social nos dicta. Terminamos por acomodarnos a las creencias de los demás y sacrificamos la creatividad que nace de estar con nosotros mismos, en aislamiento. Al estar solos es cuando tenemos nuestras propias revelaciones de lo que conocemos como vida y nuestras conclusiones provenientes de la experiencia que solamente si le damos espacio a la reflexión pueden llegar los aprendizajes.

La discapacidad trae consigo cierta soledad. Subirnos a una montaña rusa ya no es tan fácil y hay veces que la misma condición de discapacidad nos pone los pies sobre la tierra pues hay cosas que no pueden llevar prisa y necesitan del aquí y el ahora aunque pongamos la vida de cabeza.

Te cuento un poco, mi estimado lector, de cómo fue esa caída que tuve que ocasionó la parálisis facial de la que te hablé antes.

Pasaba por uno de esos momentos en que me encontraba con mis propias "necesidades especiales". Necesitaba más movimiento en mi vida, más reto. Tenía en ese entonces 18 años, a un mes de cumplir 19. Esa inquieta edad de cambios y rasgos de independencia. Por supuesto que tenía planeada una fiesta para mi cumpleaños y quería invitar a todos mis amigos lo cual al final no sucedió.

Nunca he sido muy fan de ser anfitriona de eventos aunque considero que tengo facilidad de "host". Sin embargo creo que me lo puedo tomar demasiado en serio y lejos de disfrutar mi evento termino por preocuparme para que los demás se la pasen bien.

Por alguna razón buscaba sentirme reconocida y aceptada, necesitaba movilizar mi mundo. ¿Qué podría hacer que no estuviera haciendo ya?

—"¡Patinar!".

¡Qué gran idea! De niña me encantaba patinar y la pasaba increíble. Me venían recuerdos del malecón de Mazatlán y lo mucho que lo disfrutaba con mi familia. No lo pensé demasiado, me entusiasmé sólo con la idea y quizá fue una de esas veces que adjudiqué mi felicidad a algo cosificado (en este caso un par de patines).

Fui a la tienda para adquirir los mejores patines que ofrecían. Elegí por su puesto los profesionales, los que tenían una rueda del tamaño de una llanta de patín de diablo (el nombre es bien otorgado). Eran los más modernos del momento, nada que ver con los patines en los que me deslizaba de niña, los cuales eran pequeños, sencillos y con su respectivo freno en la parte de atrás del patín. Estos, en cambio, ni siquiera tenían freno, porque como profesional, la forma de frenar era que te sostenías en un solo patín para deslizar el otro contra el pavimento y frenar con estilo.

Los compré. Las llantas eran de una goma enorme y estaban bastante pesados. Me los vendieron como los más increíbles y veloces así que no tenía duda en que iban a satisfacer mi búsqueda de una actividad nueva que me diera una sensación de productividad y éxito interior.

Había pasado un par de semanas y sólo había usado los fantásticos patines de alta velocidad en el patio de mi casa, giraba como un pez dentro de una pecera. Buscaba la más simple excusa para poderlos usar en el pavimento y esta no tardó mucho en llegar.

Mi tía nos invitó a comer a su casa como un domingo familiar cualquiera. Yo sin pensarlo le dije a mi prima de 10 años que tuviera listos sus patines para que me acompañara a rodar por las calles de su casa. Nunca pensé que mi petición sería tan literal. Existen muchos riesgos en la vida que a los 18 años de edad (casi 19) no son del todo percibidos porque los jóvenes vivimos con una burbuja que nos protege y nos hace invencibles. Bueno al menos eso se piensa. Puedo asegurarte, mi fiel lector, que en ningún momento me pasó por la mente que lo que hacía me ponía en riesgo.

Era todavía verano. Yo llevaba unos shorts de mezclilla y una camiseta holgada. Portaba también una pulsera de esas hechas a mano con "piedritas redondas" que me había regalado mi mamá o prestado, ya a estas alturas no estoy segura. Por supuesto, también llevaba bien ajustados mis patines profesionales nuevos y listos para la acción.

Mi prima, en cambio, no recuerdo lo que vestía pero no olvido sus patines. Eran de plástico color rosita con blanco. Pequeños y tiernos con un freno en la parte trasera de cada patín. Más o menos como los que yo también usaba cuando era niña.

Mi tía, hasta el día de hoy, vive en lo alto de un cerro. Como decía mi abuelita, "donde solo las águilas se atreven". Por lo tanto salir a patinar afuera de su casa significaba dos opciones: subir o bajar. O patinabas con cansancio cuesta arriba en una lentitud asombrosa debido a la inclinación o te dejabas llevar por el deslizamiento que ofrecía la bajada de la calle. Mi prima Fer y yo optamos por ambas. Subimos prácticamente hasta donde no se podía subir más como para tener más aprovechamiento de la bajada y, entonces, ya sólo podíamos bajar la cuesta.

Teníamos todo bajo control, habíamos acordado descender en zig-zag para frenar y controlar la velocidad. Yo claro, como buena prima mayor, estaba a cargo de su cuidado y de su seguridad por lo que me quedé atrás para vigilarla en caso de que se cayera.

Fer se "aventó" primero. Comenzó a bajar con sus patines rosas con blanco en un excelente y controlado zig-zag. Yo esperé un par de segundos para darle espacio pues sabía que mis patines maravillosos tenían una tremenda velocidad y era probable que la dejara atrás. Le terminé dando unos diez segundos de avance y comencé con mi deslizamiento. Habré hecho a lo mucho un cruce en zig-zag, cuando por cada zig-zag la velocidad que llevaba se multiplicaba hasta el punto en el que dejé de tener control y pasé de un "Yujuuuu" al "¡¡¡Me voy a matar!!!".

Como era de esperarse, mis patines modernos de alta velocidad sí eran de muy alta velocidad. Rebasé a mi prima en menos de cinco segundos y seguí bajando, tenía noción de que ya había perdido el control. En la impotencia y la necesidad inmediata de detenerme comencé a buscar a mí alrededor cualquier jardín en el que pudiera caer o, si tenía improbable suerte, quizás algo más acolchonado. Evidentemente, mi fantasía de aterrizar en blando no se veía venir.

Seguía descendiendo hasta que pasé enfrente de la casa de mi tía y sabía que ya estaba a punto de entrar a una avenida principal donde también pasaban carros a alta velocidad. No veía otra opción más que frenar con lo que hubiera, que en mi caso era el pavimento.

Había una banqueta con un poquitín de pasto a unos metros de mí. Sin duda era mi oportunidad de aterrizaje. La banqueta no era plana tenía una especie de rampa para que las llantas de los carros subieran con facilidad. Mis patines, por igual, se subieron a la banqueta con extrema facilidad y me hicieron volar a metros de distancia del pasto que había calculado para mi caída.

Finalmente caí en un terreno baldío que era prácticamente tierra y piedras y ahí me deslicé unos cuantos metros más. Primero con mi pie izquierdo, destruyendo por completo el patín que traía en ese pie para seguir el aterrizaje con el resto de mi pierna izquierda, rodilla y finalmente mi barbilla.

No perdí el conocimiento solamente no pude ver bien por un momento. Cuando volví a abrir mis ojos al igual que en las caricaturas parecía que veía sólo estrellitas que se trataban de luces que se prendían y se apagaban alrededor mío, sin dejarme enfocar nada. Sentía la adrenalina que abrazaba todo mi cuerpo y en ese momento me percaté de una sensación a la que le llamaría "decepción".

Sin poder enfocar todavía bien, entre las luces que veía comencé a percatarme de cómo caían sobre el pavimento gotas de sangre de un color rojo brillante. En eso me di cuenta de que mi mandíbula estaba adormilada y que la sangre venía de ahí, puse mis manos sobre la herida que acababa de identificar, la cubrí con mi mano y pude visualizar que, junto a las gotas de sangre, había como pequeñas piedritas. De inmediato pensé:

—"¡MIS DIENTES!". —Aterrorizada internamente.

De lejos vi correr a mi prima en mi dirección. No quería traumarla pues sabía que la imagen que estaba a punto de ver no era del todo apta para una niña de diez años.

Sentía una tremenda indignación conmigo, con el vendedor de patines, con el pavimento... pensar que había echado tanto a perder por necesitar más actividad, más movimiento y sobre todo, más riesgo. A la vez, junto a esa misma indignación sentía vergüenza. Me daba mucha pena no haber sido responsable a mis casi 19 años de edad como para distinguir mi límite de seguridad y haberme hecho daño.

Antes de cumplir años necesitaba urgentemente sentirme aceptada pues me generaba una tremenda ansiedad el pensar que no era ni hacía suficiente. Me exigía de tal manera que no importaba si eso implicaba ponerme en riesgo... con tal de ser vista.

No me sorprende la sabiduría de un abuelo o una abuela cuando nos dicen que no tengamos prisa por vivir. Es probable que ellos en la vejez tengan más tiempo para reflexionar y rescatar tantos aprendizajes de su experiencia de vida con un paso ahora más lento.

Querido lector, me gustaría relacionar esta anécdota de una caída en patines con una reflexión que me llevó tiempo y me parece importante compartirla pues es algo que sucede comúnmente entre los hermanos de personas con algún tipo de discapacidad.

Una cosa que puede aplastarme emocionalmente es el pensar que Pablo solamente esté sentado viendo su iPad o escuchando música sin mucho movimiento en su día a día. Pareciera que también me gustaría verlo a él en esta montaña rusa de alta velocidad desarrollando actividades "productivas" y teniendo una vida que cumpla socialmente con las expectativas implícitas.

Los niños que crecemos con un hermano con discapacidad asumimos responsabilidades y maduramos más rápido que el promedio de nuestros pares pues, por lo general, adoptamos un rol de cuidadores, de maestros y de promotores de habilidades sociales para nuestros hermanos especiales.

Somos los que podemos sacar adelante las expectativas que nos rodean ya sea por nuestros padres, nuestras familias o nuestra cultura y sociedad. Por lo general se da cuando de forma inconsciente buscamos satisfacer los anhelos y las expectativas de los demás y tratamos de subsanar el dolor que deja la llegada de la discapacidad.

En mi caso, con mi hermano Pablo y su condición de parálisis cerebral, inconscientemente me hice responsable del vacío que dejaba mi hermano con sus necesidades especiales.

Es normal que los padres busquen compensar y aminorar la herida emocional que deja recibir a un hijo o hija con algún tipo de discapacidad y proyectan en el hijo o hija "sano" todas sus expectativas, anhelos y la reparación de sus frustraciones. Aspiran a que los hijos sin discapacidad obtengan grandes logros con óptimos resultados en todas las áreas de su vida.

Al día de hoy yo sé que llevo un "Pablito" adentro de mí del cual me he sentido responsable y lo llevo a todos lados. Ese "Pablito" en mi interior no puede hacer todo lo que yo hago y pareciera que me siento mejor cuando pienso que yo doy todo de mí para aminorar esa sensación (sin importar que nadie me lo pida).

Mi hermano no puede caminar sin apoyo, patinar le es sencillamente imposible. No puede graduarse de la secundaria ni siquiera pudo terminar la primaria… jamás podría graduarse de la universidad con excelencia académica. Tampoco puede casarse ni tener hijos… no puede formar su propia familia. Hay tantas cosas que no puede hacer y que están marcadas como con una especie de norma social de lo que "se supone que debemos de hacer en vida" que muchas veces sin que nadie me lo diga yo busco llenar ese vacío por él.

Entendí que la carga de ese "Pablito" que llevo adentro yo misma me la había adjudicado. Ese peso de tener que vivir todo lo que mi hermano no puede experimentar y que quizá mis papás esperaban es completamente mío. Pareciera que inconscientemente asumí que mi responsabilidad era sacar adelante todo lo que Pablo no iba a poder hacer por su condición vulnerable lo cual me hacía vivir con mucha prisa.

Con esta caída en patines y todo lo que vino después pude conocerme vulnerable y aprender a valorarme de esta manera donde me encontré yo misma en una situación de "no poder" hacer las cosas y sobre todo encontrarme en soledad con mis emociones.

La vulnerabilidad de la discapacidad es la parte más bella que nos puede dejar gran riqueza. No lleva prisa, no tiene grandes expectativas… no es exigente ni falsa. No tiene que quedar bien con nadie.

Esto no lo supe entonces sino hasta después de todo lo que le siguió a ese accidente, me hice experta en escuchar mis emociones y conocerme a través de ellas en el silencio de la quietud.

¿Has escuchado lo que tienen que decir tus emociones?

Te invito a escucharlas, mi estimado lector, porque no es nada fácil reconocerlas pero sólo al conectar con nosotros es que podemos conectar con los demás.

Fotografía de unos patines que representan los de la anécdota: rositas con blanco de "niña".

CAPÍTULO 8. FE

Mamá María

Mi buen lector, me gustaría hablar acerca de la Fe. He escuchado
que la Fe es una manera de ver la realidad que no tiene que
ser contraria a la razón pero que le da una nueva perspectiva.
Al menos de esto hablaba Anselm Grün, un monje y sacerdote
alemán sumamente sabio, desde mi punto de vista, cuyos escri-
tos sobre Fe y espiritualidad he disfrutado mucho.

Me gustaría pedirte, querido lector, que abras tus perspectivas al leer esta anécdota que voy a compartirte a con-
tinuación y que observes en tu interior ¿desde qué perspectiva
puedes entender esta anécdota?

Después de aquel terrible choque que tuvieron mis papás y mi
hermano menor, a causa de la imprudencia de otro conductor
nos vimos en la necesidad de dividirnos como familia (incluy-
endo tíos, primos y hasta amigos) para que cada quien estuviera con alguno de los tres accidentados y los demás resolverían
todo lo que había que resolver.

Mi hermano Martín se la pasaba tiempo completo con mi

papá quien además era nuestro vecino en terapia intensiva. Me era fácil ir a visitarlo en diferentes momentos del día. Mi papá ya estaba consciente del tremendo golpe que se había llevado en la cabeza aunque todavía no era del todo él debíamos repetirle cada tanto lo que había sucedido porque durante unos días tuvo memoria de corto plazo.

Mi mamá estaba en mejores condiciones físicas pero no salió ilesa del choque. Todos los huesos del empeine de su pie derecho habían quedado rotos en diferentes partes y no podían operarla porque no había cómo pegarlos. Lo único que tocaba era esperar, usaba collarín y también tenía moretones y raspaduras por todo el cuerpo. Mis tíos Cindy y Gabriel eran los encargados de estar con ella día y noche.

Como mi mamá no estaba en terapia intensiva su cuarto de hospital se volvió el cuartel general de operaciones, era el lugar donde todos los cuidadores convivíamos, comíamos, dormíamos, hablábamos y llorábamos. A cualquier hora del día que pasaras incluso si no era horario de visita había gente. Yo solía ir ahí a comer y a pasar el informe general de Pablo. Mi tía Gina se unió después al club de los cuidadores que rotaban así como muchos entrañables amigos que se convirtieron en nuestra fuerza durante la dificultad y a los que les estamos eternamente agradecidos.

Mientras mamá y papá estaban también en recuperación sentía la responsabilidad de encargarme 100 por ciento de Pablo sin importar cuán cansada estuviera. Y vaya que se sentía el agotamiento desde el día del accidente no habíamos salido de ahí y algo particular del área de terapia intensiva en los hospitales es que todo el tiempo entran doctores, enfermeras, nutrición, encargados de las máquinas las 24 horas del día hay ruido y movimiento sin importar si es de día o de noche y la realidad es que terminas sin tener idea de qué hora es ni en qué día vives.

Pablo había ingresado al hospital con mucho dolor en "su pancita", se debía a una ruptura en su intestino causada por el impacto sostenido del cinturón de seguridad. Su cirugía la programaron al día siguiente que llegamos al hospital y, según los doctores, todo había salido bien sin embargo era necesario tenerlo en observación por unos días por si el caso presentara alguna complicación.

Me entregaron a Pablo en su cuarto de terapia intensiva que ya teníamos completamente decorado con dibujos de *El Rey León* en cada pared y otros importantes personajes así como con algunos amigos peluches: como los inseparables Beto y Enrique o Ramona la tiburona.

Pablo se notaba cada vez más impaciente y yo me esforzaba por hacerle entender que teníamos que esperar unos días más para que se sintiera mejor y así el doctor nos diera permiso de irnos a casa. Recuerdo haberle dado una de mis mejores explicaciones acerca de la paciencia y lo valioso de esperar pero honestamente no creo que haya compartido gustoso mi "speech" más bien en su agotamiento físico terminó por resignarse a seguir esperando.

Evidentemente no es lo mismo ser "pacientes" cuando esperamos por ejemplo en una cómoda sala de espera mientras revisamos nuestras redes sociales o leyendo un libro para matar el tiempo, quizás incluso comiendo un snack. La paciencia que yo le pedía a Pablo era muy diferente pues significaba esperar adolorido después de haber salido de una cirugía mientras tenía una sonda metida por su nariz que le atravesaba la garganta para llegar a su estómago sin tener permitido moverse, comer o tomar agua.

Según me explicaron el tubo que tenía en la nariz, que al parecer era sumamente incómodo, lo necesitaba para la recuperación de su intestino. Funcionaba a modo de succión, le ayudaba a eliminar los contenidos del estómago y la descompresión gástrica, en mis palabras: de su estómago a través de ese tubo salía un líquido verde fosforiloco sumamente desagradable que lo ayudaba a mejorar. En fin, Pablo tenía dificultad de ser paciente para ir a casa.

Pasamos así casi una semana aunque yo sentía que llevábamos al menos un mes en ese cuarto. Pablo no se sentía mejor ni el doctor nos daba señas de que pronto nos pudiéramos ir. Cada día lejos de mejorar nos preocupábamos más y más por mi hermano.

Ni él ni yo dormíamos 24x7 el dolor e incomodidad de Pablo eran constantes lo que invariablemente nos llevaba a un procedimiento de acompañamiento y apoyo, donde yo trataba de hacérselo lo más llevadero posible. Hacía de todo desde leerle cuentos con las mejores representaciones hasta atender sus constantes vomitadas a mitad de la madrugada del mismo color verde fosforiloco que les hablé antes.

Cada vez era más cansado al punto que me costaba trabajo estar despierta para recibir el siguiente vómito con una cubetita. Llegué a pedirle a Pablo que por favor tratara de no vomitar por un rato aunque por supuesto tenía claro que no era algo que él planeara para su velada. Me comía el corazón ver que se sentía fatal y yo no podía aminorar su malestar.

Cuando sucedió lo que quiero contarte querido lector, con esta perspectiva en apertura, estábamos más o menos en el día "estoy perdiendo la esperanza" no lográbamos que a Pablo le bajara la fiebre y ya había tomado de todo pero la temperatura no cedía ni un poco. En su desesperación mi hermano pedía ayuda lloraba y se enojaba mientras seguía vomitando ese ácido desagradable. Yo no podía imaginarme un escenario peor sentía que estábamos sumergidos en una angustia interminable que parecía que en algún momento nos iba a vencer.

El doctor le había dado algo a Pablo para el dolor e indicaciones muy precisas a su enfermera quien en el cambio de turno las delegó a la enfermera del turno nocturno. Sin duda ella no esperaba pasar toda la noche en vela con nosotros en la lucha contra la fiebre. Llegó un punto en el que la enfermera ya ni se molestaba en salir del cuarto pues la inestabilidad de Pablo no tenía predicción.

No había duda de que íbamos a pasar toda la noche con esta enfermera y en estado de emergencia. Suelo ser terrible para recordar nombres pero me parecía importante preguntar el suyo y esforzarme en no olvidarlo pues estaba realmente ayudándonos mucho en un momento en el que yo me sentía perdida y agotada y no quería llamarla solamente "enfermera".

—Gracias por todo el apoyo ¿cuál es tu nombre? —Le pregunté a la enfermera.

—Con mucho gusto, vamos a salir adelante con esto, mi nombre es María. —Me dijo ella.

En mi afán de no olvidarlo se lo repetí en voz alta:

—¡María! Súper, no se me va a olvidar. —Le aseguré.

Se mostró como una verdadera heroína para nosotros. Pienso que sin ella la situación fácilmente nos hubiera sobrepasado.

Por interminables horas estuvimos al lado de la cama de Pablo, tratábamos de hacer hasta lo imposible para que le descendiera la fiebre. María, la enfermera, me daba instrucciones para ayudarlo a disminuir su dolor y juntas tratábamos de calmar la ansiedad que despertaba a Pablo. Animábamos su fortaleza y valentía. Fue la noche más larga de todas y yo sumergida en mis miedos pedía al cielo un milagro.

En algún momento muy entrada la madrugada aunque sin indicios del amanecer todavía sucedió aquel milagro. A Pablo le descendió la fiebre y se empezó a sentir un poco mejor. Las náuseas de cada dos minutos también cesaron parecía que lo habíamos logrado. Dentro de mi agotamiento no podía contener mi alegría de ver un poco de mejora.

Miré a la enfermera y le dije que de corazón le daba las gracias por todo. Después volteé a ver a Pablo y le dije:

—Pablo, hay que darle las gracias a María porque estuvo con nosotros toda la noche y nos ayudó a que te sintieras mejor.

En ese momento la enfermera me miró y, después de un suspiro, dibujó una sonrisa amable y me dijo:

—Dany, no me llamo María, mi nombre es Karla.

Yo la miré confundida creyendo que era imposible que me hubiera equivocado. Entonces entré en conversación.

—Pero anoche en medio de la crisis te pregunté tu nombre.

—Sí. —Dijo ella.

—Y me dijiste que te llamabas María, hasta te lo repetí. —Insistí.

—Te dije mi nombre, Karla. Y tú me llamaste María. En ese momento me dio pena corregirte y seguiste llamándome María. —Replicó Karla.

—Pero entonces, ¿toda la noche te estuve llamando María? —Llegué a pensar que ella era otra enfermera y, en algún momento de la madrugada, habían cambiado de turno sin que me diera cuenta pues estaba segura de haber escuchado con claridad el nombre de María, ¿de dónde más había sacado ese nombre?

—Sí, no te dije nada porque no era el momento. —Reafirmó Karla.

—¿Y no hay otra enfermera que se llame María? —Trataba de darme ayuda en mi error pensando que me llegaba la locura.

—No. No hay ninguna María. —Aseguró.

No lo podía creer. Verdaderamente no me cabía en la mente de dónde había sacado el nombre de María que no tiene ni el más mínimo parecido al sonido de Karla.

Por si no fuera suficiente mi sorpresa Pablo que ya estaba medio despierto nos interrumpió.

—Dany, ¡te equivocas! —Me dijo—. No se llama María, te equivocas. María es la mamá de Jesús, mamá María. Allí está mírala. —Dijo mientras señalaba una esquina del cuarto de terapia intermedia.

Karla y yo nos volteamos a ver confundidas y honestamente un tanto asustadas. Después ambas miramos a donde mi hermano nos señalaba para lentamente volvernos a mirar aún más confundidas. Pablo sin embargo siguió reafirmando.

—Oh Dany, te equivocaste. Ella no es María, no. María está ahí mírala voltea a verla. —Me decía mientras volvía a señalar la esquina del cuarto.

No puedo describirte mi cara, querido lector, porque ni yo misma me la alcanzo a imaginar pero sé que ese segundo momento en el que Pablo reafirmaba que mamá María, madre de Jesús estaba en la esquina del cuarto sentí un escalofrío y volteé nuevamente un tanto temerosa de ver también lo que Pablo veía.

Yo quería comprender a Pablo y le pregunté:

—¿Ahí está mamá María Pablo?

—Sí, –me dijo. —Voltea a verla.

Nuevamente la enfermera y yo volteamos la mirada a la esquina del cuarto, sin ver nada.

—Y ¿cómo es Pablo? —Le preguntó Karla para obtener más información.

—Muy bonita. —Respondió él, enseguida—. Está muy bonita —Volvió a decir sin quitar la mirada de la esquina del cuarto—. Ella nos quiere mucho. —Dijo finalmente y cerró sus ojos.

Pablo estaba exhausto sin duda mucho más que Karla y que yo. Sé que la forma de trabajar de su mente es diferente y que con su discapacidad intelectual él ve su propia realidad y nunca miente. Mi hermano Pablo puede ver a alguien portando un disfraz de Mickey Mouse y va a creer que es el mismísimo ratón Mickey en persona. ¿Por qué vería a María en esa esquina frente a él?

Me considero una persona un tanto escéptica, especialmente cuando se trata a apariciones de la Virgen en nuestro cuarto de terapia intensiva. Pero algo pasó esa noche, la noche en la que casi muere mi hermano Pablo y sé que si él vio a mamá María, hermosa y amorosa en la esquina del cuarto en el que estábamos yo no tengo duda de que ella estaba ahí con nosotros... especialmente con Pablo.

A las horas llegó mi tía Cindy para estar con Pablo en lo que yo salía a comer algo. Fui directo al cuartel general (el cuarto de hospital de mi mamá invadido por todos) para contarles lo que nos había sucedido esa madrugada.

Para ser honesta yo seguía sorprendida por haber confundido el nombre de la enfermera Karla por María y que no hubiera ninguna enfermera María en todo el hospital. Recordaba claramente mi esfuerzo por grabarme su nombre, ¿cómo podía ser que lo hubiera escuchado mal?

Me pregunté entonces, ¿qué tanto podía haber visto yo a María sin que pudiera verla?, ¿sentí yo también su presencia al punto que dije su nombre en voz alta?, ¿o sólo estaba demasiado cansada y dije el primer nombre que se me vino a la cabeza y que además es bastante común?

Después supimos que la fiebre de esa noche se debía a que la operación del intestino de Pablo no había funcionado y se había fisurado internamente causando una peritonitis que infectó todo en su interior.

Esa noche Pablo, Karla y yo estábamos indescriptiblemente exhaustos tanto física como emocionalmente. No tengo una explicación lógica para lo que nos sucedió pero tengo confianza en que sin explicarlo vivimos un milagro y mamá María estuvo ahí con nosotros en ese cuarto de terapia intensiva.

La Fe como expresa Grün (el monje sabio que mencioné al inicio de esta anécdota) va de la mano con la confianza y no contradice a la razón. Lo que creemos siempre podemos examinarlo con lo que sabemos y tener Fe entonces puede ser abrir los ojos a la flexibilidad de nuevas posibilidades.

La discapacidad, por ejemplo, nos permite ver las cosas con una luz diferente a como lo podríamos ver sin ella nos hace abrirnos a distintos caminos a elegir y además con la posibilidad de caminarlos también de manera diferente. Por eso es que se dice que son personas especiales aunque yo soy de las que creen que cada quien con sus singularidades es especial. Finalmente todos somos diferentes y las diferencias nos hacen valorarnos como únicos.

La fe es uno de los mayores recursos para las familias con personas con discapacidad recurren a ella en búsqueda de opciones y sobre todo de esperanza. Es un valor profundo que nos ayuda a levantarnos las veces que sean necesarias esperando lo mejor, dejando atrás todos los pensamientos catastróficos que nos puedan rodear.

La fe se dice fácil como esto que he escuchado tantas veces de "dejar todo en manos de Dios". Cuando las cosas están difíciles y nos hundimos en alguna crisis es precisamente cuando más cuestionamos a Dios y podemos poner en duda esta supuesta fe. Esperamos que Dios venga a salvarnos, a sacarnos de nuestros problemas y mientras los problemas o la crisis prevalezcan, la duda también se queda.

Lo habitual es pedir: Señor cúrame, dame un trabajo, dame una pareja, elimina a los malvados, protégeme de esta pandemia, salva a mi hermano… Pero hay una manera diferente, y no se trata de pedir un deseo a una lámpara mágica, consiste precisamente en confiar. Fe no es un ritual aprendido sino un acto personal que curiosamente vive en todos los que queremos vivir no hay entendimiento lógico o racional al respecto. Como decía Ángel, un gran amigo de la familia: "Se trata de dejar que nuestra Fe sea más grande que nuestros miedos".

Mi estimado lector, no pretendo que creas en la anécdota que relaté sobre aquella difícil noche en el hospital con mi hermano. Yo misma no la creería a simple leída. Simplemente te cuento lo que vivimos durante horas de agonía e incertidumbre y debe ser tu perspectiva la que decida en dónde poner la confianza y la razón.

Para mí esa es la Fe la prueba de lo que no se ve, pero se cree porque la fe no hace las cosas fáciles, las hace posibles.

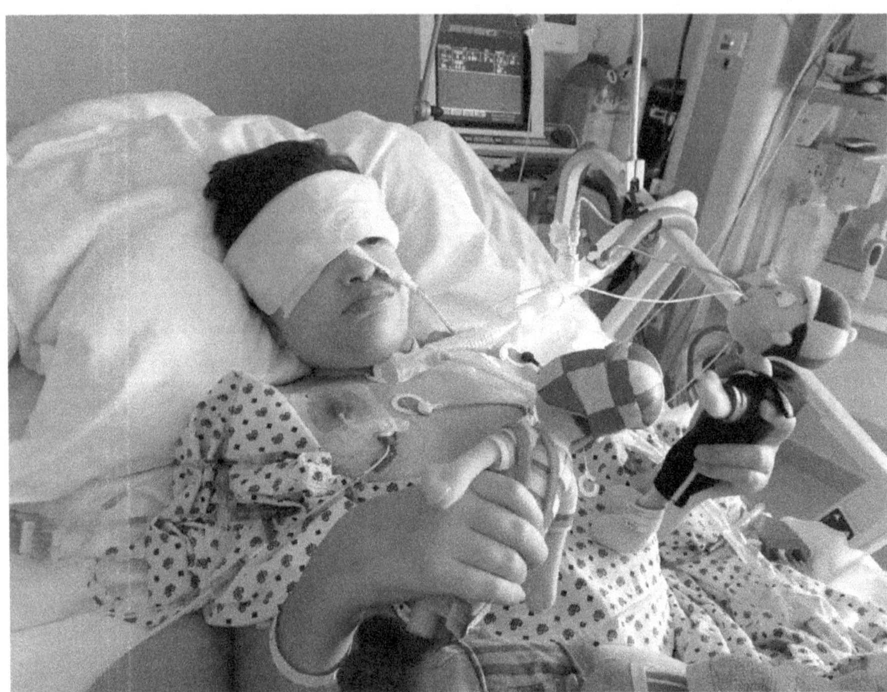

Pablo en el hospital, no podía hablar debido a la traqueostomía que le realizaron.

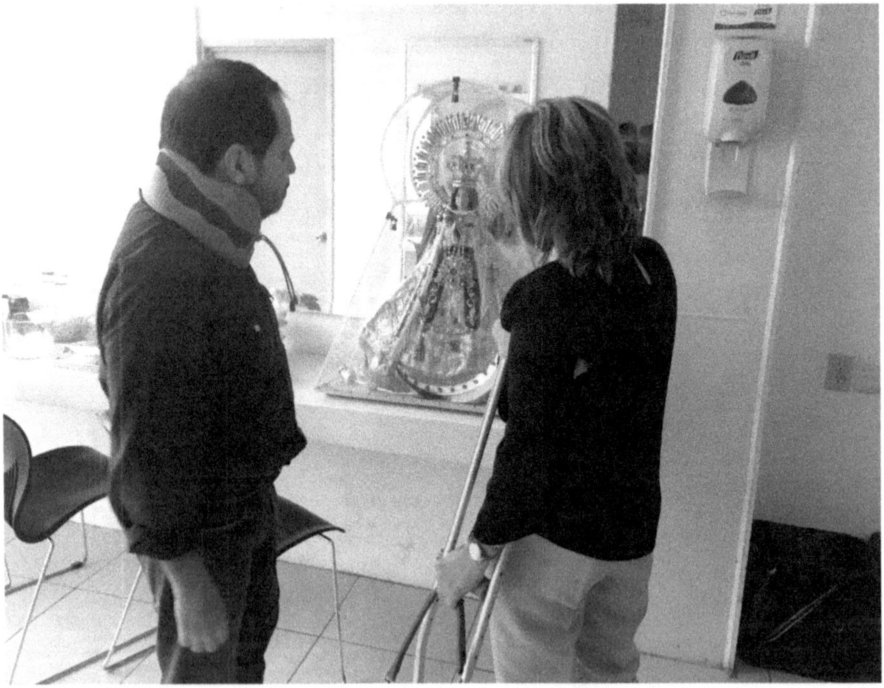

Martín y Lizzy en oración con la Virgen de Zapopan que llevaron para visitar a Pablo en el hospital.

Martín y Lizzy en oración con la Virgen de Zapopan que llevaron para visitar a Pablo en el hospital.

Carta de una niña a Dios

Hola Dios, ¿cómo has estado?, ¿qué tal va todo?

Yo espero que muy bien y que todo esté yendo genial en el cielo. No quiero molestarte con mi carta, espero no hacerlo, es sólo que a veces no estoy segura de si me escuchas y pensé que al escribirte una carta me podrías leer cuando no estés ocupado.

Aunque no falta mucho para Navidad esta vez no te escribo para pedirte regalos, pero me ha gustado mucho todo lo que me has dado, sobre todo la cocinita del año pasado, no paro de jugar con ella. Me gusta que seas tú el que me visita en Navidad, tengo amigas a las que les da regalos Santa y me preguntaba si es amigo tuyo y también, ¿por qué tú no les das regalo a mis amigas?

Tengo muchas preguntas para ti: me pregunto si el cielo es tan bonito como dicen que es, si tú puedes volar (yo supongo que sí, porque eres Dios) también, ¿allá arriba duermes sobre las nubes? Y si sí, ¿qué haces cuándo llueve?

Estoy segura de que responderás mis preguntas poco a poco. También dime si es más fácil que te siga platicando todo en mi oración antes de dormir o si te funciona bien lo de la carta. Mi abuelita me dijo que puedes escuchar todo desde cualquier lugar del mundo no importa si te hablan bajito. Por eso es que creo que debes estar muy ocupado.

La verdad es que llevo tiempo sin hablar con nadie, quizá sólo algunas veces con mi hermana y contigo en esas noches silenciosas. Últimamente hay un ambiente de tristeza en casa y no logro comprender por qué ni tampoco sé bien cómo cambiarlo.

Por ahora Dios quiero hablarte sobre mi hermanita Ale que con todo lo que ha pasado en casa me tiene muy preocupada últimamente. Sé que te pedía mucho por una hermanita cuando Ale todavía no nacía y de verdad te agradezco mucho que la hayas traído a nuestras vidas, aunque no te voy a mentir, creo que ni siquiera podría porque Tú lo sabes todo, extraño cuando éramos solo mamá, papá y yo.

Ale no es una hermanita normal y para mí eso nunca ha sido un problema, tú sabes que la quiero mucho y lo mucho que me divierto con ella. Pero hay veces que las cosas se vuelven un poco más complicadas con ella como salir de vacaciones (hace mucho que no vamos a la playa) o hasta ir de compras a la plaza así sea sólo por comida. Ale parece no entender muy bien cómo funcionan las cosas y últimamente se ha puesto peor.

Una de las cosas que quería preguntarte Dios es si piensas llevarte a Ale pronto al cielo. No vayas a pensar que no la quiero porque la quiero muchísimo, pero me dijo mi amiga Betsy que las niñas como Ale no viven mucho y que se mueren porque son débiles, si se enferman no resisten y se terminan convirtiendo en angelitos del cielo.

¿Es cierto lo que dice Betsy? Ella no tiene hermanos chiquitos sus hermanos son más grandes y ninguno de ellos tiene "austismo" o esa cosa que dice mi abuelita que tiene mi hermana. Así que me pregunto cómo podría saber Betsy tanto. Pero me hizo pensar, ¿y si sí tiene razón?

Yo sé que Ale no es muy fuerte ni tampoco muy lista pero no me gustaría que te la llevaras por eso. Creo que tú podrías darle fuerza si lo necesitara para que pueda quedarse mucho, mucho, mucho tiempo conmigo. No sé si tengas problema en que te pida eso.

Sé también que en unos años mi abuelita ya no nos va a poder cuidar y eso le preocupa a mi abuelita y también a mi mamá. No nos lo dicen pero puedo notarlo en su mirada. Quisiera decirles que no tienen que preocuparse pues yo puedo cuidar a Ale sin problema y así mamá puede seguir trabajando sin preocuparse por nosotras.

Sé que a Ale también le gusta mucho vivir probablemente no te lo ha dicho porque no sabe hablar ni tampoco escribir. Pero yo te puedo ayudar a entenderla, yo siempre he podido saber qué es lo que quiere decir. Todo lo que expresa le entiendo porque somos hermanas. A veces ni siquiera abuelita le entiende y me pregunta a mí… así que tú también me puedes preguntar a mí Dios las veces que necesites.

No le he dicho a mamá nada de esto sé que está muy ocupada también y no quiero preocuparla más. Y mi abuelita me dijo que te puedo pedir a ti lo que sea así que, si no es mucha molestia, me gustaría pedirte también por mi papá. Lo extraño mucho y lo extraño todos los días. ¿Será posible que mamá y papá algún día vuelvan a estar juntos?

Sé que Ale no tiene la culpa de todo lo que pasó, ella ni siquiera entiende cuando le hablo de mamá y papá. Mamá dice que así son las cosas y que no necesitamos a nadie para estar bien pero sé que también lo extraña… a veces la he visto llorar en su cuarto cuando piensa que nadie la ve.

La verdad es que papá se fue también por mi culpa porque no le dije lo mucho que lo quería y que necesitaba que se quedara con nosotras… conmigo. Cuando peleaba con mamá no me atrevía a decirle nada pero no sabía que un día ya no iba a regresar. Perdóname por no haberle dicho nada Dios, si hubiera sabido le hubiera dicho mil veces que se quedara y hubiera sabido lo mucho que lo quería y no lo hubiera dejado ir.

Sé que no eres un genio como el de *Aladín* y que no cumples deseos… abuelita también me lo dijo. Me dijo que eres como nuestro Padre y que nos amas. Eso realmente me confunde. Papá decía que no creía en ti y si tú eres como papá entonces ¿por qué no cree en ti?

Mi papá no es alguien malo, de hecho es muy bueno y muy divertido, creo que te caería muy bien aunque tenemos mucho tiempo sin verlo. Me da la impresión de que Ale no sabe ni siquiera que tiene papá, yo soy la que le he tratado de explicar cómo eran las cosas antes de que ella llegara.

Quizá Tú puedas decirle a papá que Ale puede ser muy buena hija sólo necesita tener un trato diferente y muchísima paciencia. Creo que no tuvo oportunidad de conocerla bien y probablemente le pasó lo que a muchas personas les pasa se asustó al verla gritar tan fuerte, porque ella normalmente grita cuando está molesta por algo o quizás al verla golpear su cabeza contra la pared, eso lo hace normalmente cuando está desesperada pero sólo porque no ha aprendido a decirlo de otra manera.

A veces pienso que papá no quiso ser papá de Ale y al final decidió que era mejor irse de la casa para no pelear más con mamá. Pero me pregunto ¿por qué también quiso dejar de ser mi papá?

Mamá no dice mucho cuando le pregunto por papá, de hecho cada vez se molesta más cuando lo menciono. Sólo me dijo que ellos ya no podían estar juntos porque ya no pensaban igual. Yo traté de decirle a mamá que Ale y yo tampoco pensamos igual pero de todas formas nos encanta estar juntas. A veces nos peleamos también porque no me gusta que ella tire mis cosas y aunque le digo que no lo haga, lo sigue haciendo. Trato de no enojarme porque sé que ella disfruta tirar las cosas mientras camina, como que eso le divierte y entonces simplemente entiendo que nos gustan cosas diferentes.

Sé que pedirte que mi papá regrese a casa y que sea un papá para Ale y para mí, no es como la cocinita que te pedí en Navidad y puede ser algo muy difícil. Pero tú eres Dios eres el único que puede lograr lo imposible.

Abuelita dice que Ale es una niña especial y que tú la hiciste así y nos regalaste cuidar de ella. Y sí sé que es diferente pero, quizá mi papá no tuvo tiempo de aprender a cuidarla.

Cuando abuelita se vaya al cielo, como ella dice, me gustaría que también estuviera papá aquí con nosotras y no tendría que cuidar a Ale si no quiere, eso lo puedo hacer yo, pero podría cuidarme a mí y así mamá puede seguir trabajando sin preocuparse porque estemos solas.

Querido Dios, hay una última cosa que quiero contarte y espero que no te enfades por lo que voy a decirte pero a veces quisiera tener una familia como la de Betsy. Sus papás nunca se pelean, sus hermanos no tienen "austismo" como Ale y pueden irse de vacaciones cuando quieran sin tener ningún problema, además su papá está siempre en casa y dice Betsy que es genial.

Quiero mucho a mi familia, pero Dios me cuesta entender por qué la mía está rota.

El divorcio de parejas con hijos con algún tipo de discapacidad, lamentablemente es algo muy común. Aunque la experiencia de la discapacidad en la familia pueda transformarse en un reto que genera crecimiento, madurez, fortalecimiento de las relaciones y unión familiar, también puede traer estrés en niveles tan altos que se acentúan las diferencias y los problemas entre la pareja o la familia y optan por una separación definitiva.

Aunque un hijo nunca es responsable del divorcio de sus padres, si los padres de un niño con discapacidad tienen una relación inestable y no cuentan con un compromiso lo suficientemente fuerte para enfrentar todos los cambios que llegan con la discapacidad, el hijo con necesidades especiales puede ser un detonante para poner punto final a la relación.

Es importante tener en consideración que la llegada de un hijo con discapacidad simboliza una crisis de ajustes para toda la familia y que obliga a todos los miembros a salir de su zona de confort, aunque esta zona no es necesariamente confortable, sino más bien es un área conocida.

Salir de la zona de confort no significa pasar directamente a la zona deseada, forzosamente debemos atravesar primero una zona de pánico en la que muchas veces se intenta regresar a la "zona de confort". Si la zona confortable era sin un hijo con discapacidad alguno de los padres o hermanos puede abandonar a la familia e incluso al mismo hijo con discapacidad.

Cuando atravesamos crisis tan fuertes como todo el cambio repentino y exigente que provoca la llegada de un miembro con discapacidad es común vestir una máscara y pretender que todo está bien y que podemos solos con todo. Silenciamos nuestras emociones como un medio para evitar el dolor, sin embargo, guardar silencio con la pareja es de las peores cosas que se pueden hacer ya que para la sobrevivencia de los cónyuges es indispensable que ambos estén dispuestos a escucharse mutuamente sin ser condenados por sus pensamientos, así sea que se expresen los peores de sus miedos.

Las parejas necesitan abrir sus corazones y estar dispuestos a hablar de sus emociones para ser capaces de tomar decisiones juntos que serán necesarias para atravesar la crisis y salir fortalecidos de ella. El apoyo mutuo, la escucha activa y la comprensión son determinantes para el futuro de la familia.

Es también común que uno de los padres asuma toda la responsabilidad respecto al hijo con un desarrollo diferente, por lo general suele ser la madre la que juega este rol. El cansancio que esto genera es un camino que se dirige directamente a la separación, avanza lento pero seguro.

Tampoco es raro que el niño con discapacidad exija tanta atención que no sólo los hermanos quedan en segundo plano, sino también la pareja. Muchas veces un padre está tan enfocado en las necesidades especiales de su hijo que se olvida de las necesidades de su pareja. Los momentos de pareja deben ser respetados en toda familia. Es vital que haya momentos para compartir como cónyuges en donde se cultive el romance y el amor para poder crear experiencias y memorias agradables que mantengan viva la relación y puedan soportar los retos de las experiencias difíciles que traen las crisis consigo.

Para hermanos de personas con discapacidad que viven la separación de sus padres no es raro que se sientan culpables de la situación, puede ser que culpen a la discapacidad o a ellos mismos de alguna manera por no haber sido lo suficientemente buenos para que sus dos padres se mantengan juntos, y otras veces también culpan a Dios, por haber permitido que su familia se rompiera.

La carta a Dios de la historia anterior refleja los pensamientos de una niña que tiene una hermana con espectro autista (TEA) que ella refiere como "austismo" sin entender realmente de qué se trata. Además, en su carta comunica una necesidad de ser escuchada emocionalmente con sus preocupaciones y su vivencia ante el divorcio de sus padres.

También, como se menciona en la historia, es común que quien se encarga del cuidado de los hijos sea la abuela o los abuelos, ya que la madre o el padre que queda a cargo tiene que trabajar y sacar adelante la economía familiar.

Tampoco es raro que hijos de padres divorciados miren a su alrededor y vean familias "normales" con un papá y una mamá en una envidiable relación la cual deja la probabilidad de experimentar celos, envidia, resentimientos y tristeza.

La historia de esta niña refleja una fe fortalecida en Dios. Muestra esperanza desde su inocencia en que todo va a salir bien. Esta fe puede volverse un soporte importante para atravesar los momentos más difíciles.

Cuando los hijos crecen, tener fe (esperanza) ayuda a resignificar todo lo vivido y transformarlo en algo mejor, en una experiencia resiliente que dé sentido a su vida. Si la experiencia no es transformada en una situación de crecimiento es probable que en lugar de esperanza en el futuro haya un resentimiento hacia el pasado.

Es importante facilitar la expresión emocional de cada uno de los miembros de la familia, especialmente de los hijos. De esta manera se acompaña su pérdida y se les facilita ajustarse a su nueva realidad al promover un duelo saludable. Así mismo, es recomendable hacerles saber constantemente a los hijos el amor que se les tiene, sin importar si es algo repetitivo. Informarles acorde a su entendimiento lo sucedido (incluir a los hijos con discapacidad) y sobre todo, dejarles claro que no ha sido su culpa.

El divorcio es una realidad de nuestros tiempos con estadísticas sumamente altas, sin embargo, no debe convertirse en una determinante para romper una familia. Divorciarse no debe de ser una guerra interminable sino una decisión que lleve a acuerdos pacíficos en la que ambos padres puedan responsabilizarse del cuidado de sus hijos y su bienestar personal. Asimismo, la crianza de cualquier hijo debe de ser cosa de dos, ambos padres deben apoyarse y saber compartir las tareas para forjar una relación fuerte entre ellos aunque la decisión sea la de estar separados.

Para todo hijo un divorcio es una experiencia dolorosa que no es fácil de procesar, pero para un niño con dificultad en su desarrollo es todavía más complicada porque ellos pueden sentir la tristeza de esta ruptura y muchas veces no se les da una explicación adecuada con la que puedan procesar esa pérdida, manifestando más estrés y muchas veces aumentando sus síntomas.

En cada uno de los implicados los problemas emocionales, las pérdidas y el dolor necesitan tiempo para sanar. Es un día a la vez, en compañía y con el apoyo de los demás. Como padres se tiene la responsabilidad de asegurar el bienestar de los hijos y buscar la mejor manera de llevar este proceso como familia.

No hay familias perfectas ni familias funcionales, hay familias que se aman.

Representación de la soledad que puede vivir un hijo o hija de una pareja de divorcio al silenciar sus emociones.

CAPÍTULO 9. EL DÍA DE MAÑANA

La muerte solo puede causar pavor a quien no sabe llenar el tiempo que le es dado para vivir.

VÍCTOR FRANKL

Catarsis de fuego

He visto la vida y sólo así la he puesto en perspectiva.

Me pregunto, ¿estamos verdaderamente listos para que un familiar con discapacidad muera de improviso? Cada persona en el mundo encuentra maneras diferentes de acomodar el tema de la muerte para prepararse hacia ella pues es de las pocas verdades que tenemos aseguradas.

No he sabido de un solo hermano de una persona con discapacidad que no haya pensado en la muerte de forma cercana. No es una situación morbosa ni nada parecido sino, más bien, sucede con la presencia de la discapacidad en la vida que nos hacemos más sensibles a la muerte.

Entre los hermanos de personas con discapacidad es común manifestar alivio cuando la muerte del que sufre llega o, puede ser, que más bien lo que se manifieste sea culpa pues sentir alivio de que alguien muera no es algo muy "bien visto". Una verdad se impone y es que la vida con nuestro familiar con discapacidad la vivimos con mayor intensidad y paradójicamente se debe a la misma enfermedad.

Sentados en primera fila somos testigos de la fragilidad de la vida en un ser humano sumamente cercano a nosotros y en quien nos podemos reflejar con facilidad pues somos hermanos. Es decir, algo así como: "Pude haber sido yo en esa silla de ruedas".

Nos toca ver dificultades que además cuando somos pequeños no es común que nos expliquen: ¿Por qué convulsiona?, ¿por qué no camina? ¿por qué no habla?, ¿por qué le duele?, ¿por qué no puede?, ¿por qué hay otras familias en las que sale el sol y en la nuestra oscureció?, ¿qué va a pasar el día de mañana?

Una de mis maneras para despejar mi mente ante estas inevitables preguntas siempre ha sido el senderismo. Me fascina andar por caminos escondidos entre árboles sostenidos en rocas y bañados en tierra. Cada uno de mis sentidos se da un descanso especial por esos caminos que ofrecen las montañas y los cerros. A mi parecer los pájaros le cantan a un nuevo día y cantan también cuando oscurece... cantamos a los polos opuestos del día y de la noche, de la vida y de la muerte.

A veces pienso que el silencio de la naturaleza trae respuesta a estas preguntas existenciales. No es difícil conectar con el silencio que se puede encontrar en los espacios abiertos y que suele magnificar los sonidos que normalmente son ignorados: el caminar de los pasos, el jadeo de mis perros que me acompañan... el viento moviendo las hojas de los árboles.

Cuando pones atención el silencio habla.

La experiencia de mi hermano menor con parálisis cerebral en un hospital y ante una lucha cerrada por su vida era algo que a este punto ya me superaba. Llevaba ya muchas noches sin dormir como antes acostumbraba... ahora más bien dormitaba y cuando lo hacía me despertaba de golpe cada 30 minutos aproximadamente con la intervención de alguna enfermera que aplicaba un nuevo medicamento o medía los signos vitales y esto si es que mi hermano no me movía antes para pedir ayuda porque tenía náuseas o algo le dolía o porque él también tenía miedo.

Me sentía cansada y seguro me veía tan mal como me sentía así que mi familia se preocupó y amablemente me ordenaron que fuera a dormir a casa esa noche. Dijeron que necesitaba tomar fuerzas para acompañar a mi hermano sin descuidarme a mí en el proceso.

Sin duda tenían razón me sentía agotada pero me consumía más el pensamiento de que si yo estaba cansada significaba que Pablo estaba exhausto. Yo no me había accidentado y salvo por el cansancio físico yo estaba bien. Irse a casa a descansar es lo que Pablo más anhelaba en ese momento, ¿con qué cinismo podía yo hacerlo? No había querido ir a "descansar" antes porque sentía culpa y trataba de ofrecerle un poco de justicia a mi hermano ya que al parecer la vida no lo estaba haciendo.

Me costó demasiado separarme de terapia intensiva pero racionalmente sabía que sí debía tratar de dormir para poder apoyar mejor a Pablo.

Pablo seguía muy delicado. Le acababan de abrir el estómago y se lo dejaron abierto para que pudiera desinflamarse. Sí, literalmente abierto. Le llaman "vac" como "vaccum" (aspiradora). No me es fácil hablar de este procedimiento pues tratar de explicarlo y saber que mi hermanito es el sujeto de la explicación hace que a mí me den náuseas.

En palabras un poco ignorantes Pablo tenía una herida quirúrgica que se infectó por una peritonitis lo que ocasionó nuevas heridas quirúrgicas difíciles de desinflamar y debían cuidar que no se crearan nuevas infecciones. Por lo tanto, los doctores con sus mejores decisiones nos explicaron que Pablo necesitaba ser asistido por este sistema desinflamatorio que es una especie de aspiradora al vacío.

Su estómago estaba completamente abierto y se podían ver todos sus órganos en el interior y su piel parecía de plástico. Para cualquiera que, como yo, no ha estudiado medicina simplemente era un procedimiento asombroso y tenebroso a la vez. Se ponía dentro del estómago una especie de esponja y se recubría de un plástico transparente (que me imagino era más que sólo un plástico), para finalmente conectar desde el interior una especie de manguera que "aspiraba" los fluidos para evitar nuevas infecciones. Aunque sabía que era para ayudarlo resultaba algo muy difícil de observar.

Al ver tan de cerca la vulnerabilidad de una vida es inevitable no saltar al pensamiento inminente de la muerte: el fin de todas las cosas. En esas condiciones ese es el futuro predecible a corto plazo, ese pensamiento que se da en el silencio y muchas veces se queda ahí.

Habían pasado semanas desde el día del accidente y no había dormido en una cama desde entonces a veces dormitaba en el suelo de terapia intensiva en algún sillón del hospital o en el suelo del cuarto donde estaba mi mamá. Cuando dormía lejos de Pablo me pasaba algo que antes sólo había visto en películas: despertaba abruptamente de un sueño por escuchar con perfecta claridad un grito de Pablo que asustado gritaba: "¡Dany!".

Decidí hacer caso a mi familia y esa noche fui a casa a tratar de descansar, aunque en el fondo sabía que eso no iba a pasar. Lo que sucedió después fue simplemente increíble.

No podía dejar de pensar en qué pasaría si mi hermano muriera esa noche y yo no estuviera ahí a su lado. Lo único que podía percibir era enojo, una furia incontenible tan fuerte que me llevaba a reclamarle en voz alta a Dios por lo injusto que estaba siendo. Sabía que si Pablo moría esa noche mi reconciliación con Dios estaría en el punto de la imposibilidad.

Pablo no entendía todo lo que le estaba pasando ni por qué tenía que estar sufriendo en terapia intensiva con el estómago abierto. Qué injusticia que alguien con una mente tan pura como la de mi hermano sin capacidad de comprensión tenga que ser víctima de esta situación. Un fuego me recorría todo el cuerpo pensando en la siguiente mañana. ¿Quién estaría ahí para consolarme?, ¿quién tendría palabras que le dieran sentido a toda esta horrible experiencia?, ¿cómo eliminaría todo ese enojo que sentía?

Manejaba hacia mi casa con la misión de recuperarme un poco al tener un mejor sueño, con mi cabeza que todavía giraba en el interminable torbellino de enojo, tristeza y pensamientos catastróficos que me causaban mucha impotencia, en eso levanté mi mirada y vi que el cerro cercano a casa al que voy a correr y a sacar a pasear a mis perros estaba en llamas.

Era abril si mal no recuerdo, es común escuchar en mi ciudad de los famosos incendios anuales del bosque de La Primavera que normalmente se deben a los descuidos humanos por dejar fogatas encendidas o basura tirada que causa el descontrol de las llamas. Este hermoso bosque está conectado con distintos cerros de la ciudad entre ellos el que estaba justo enfrente a mi mirada.

No sé en qué pensaba, realmente no sé, pero al ver esa escena de incendio que ocurría frente a mí decidí dirigirme directamente hacia ella. Estacioné mi carro en la entrada por la que siempre ingreso, me bajé y comencé a caminar cuesta arriba por el sendero. En cada inhalación respiraba humo que me causaba inevitablemente mucha tos pero no me importaba en lo más mínimo pues seguía decidida a subir hasta donde estaban las llamaradas de fuego.

Como era de noche no era difícil detectar los lugares donde estaba el fuego, ya que cada pequeña flama brillaba con mucha intensidad en esa oscuridad. Había brazas por todos lados pero al parecer lo peor del incendio ya había pasado. Lo que quedaban eran algunas flamas quemando todavía resistentes árboles, troncos o pequeños espacios localizados. Lo demás ya estaba quemado.

Cuando subí lo suficiente como para alcanzar las partes donde estaba el fuego corrí a la flama más cercana y de inmediato le eché toda el agua que cargaba en el termo que llevaba conmigo; obviamente eso y nada era casi lo mismo. Entonces escarbé la tierra para tomarla con mis manos y arrojarla al fuego al mismo tiempo que intentaba con mis pies apagar los fuegos más chiquitos. No tenía ningún sentido lo que hacía y lo sabía pero aún así lo seguía haciendo. De alguna manera lo necesitaba.

Parece que fue en el momento en el que probablemente me veía más loca mientras arrojaba con tanta desesperación toda la tierra que podía al fuego y trataba con todas mis fuerzas de hacer una diferencia cuando quebré en llanto. Agotada como me sentía me arrodillé sobre la tierra, contemplaba el fuego que consumía lo que quedaba de los troncos de los árboles y no podía parar de llorar.

No era sólo el fuego sino todo lo que representaba. Ese cerro ha sido mi refugio de naturaleza desde que soy muy pequeña, mi espacio de contemplación, de escape y se consumía en el fuego. Una de las cosas que más amo en esta vida es el andar en esos senderos, mi cerro se quemaba y yo no podía hacer nada.

Esa era mi negra realidad, como los troncos quemados. Pablo, mi hermano chiquito que tanto amo se estaba muriendo y yo no podía hacer nada por más que lo intentara. Entre mi llanto inconsolable comencé a gritar con todas mis fuerzas frente al fuego:

—¡NO ES JUSTOOO! ¡NOOO ES JUSTOOO!... ¡NO QUIERO QUE MUERA!... Ya no soporto que siga sufriendo y no poder hacer nada. Si te lo vas a llevar ¡llévatelo YA! Detén esto por favor, no es justo. ¡¿DÓNDE ESTÁS?!... ¡¿DÓNDE ESTÁS?!... ¿Por qué permites esto Dios? ¿Por qué Pablo Dios? Él no ha hecho nada malo ya ha sufrido bastante. ¿Qué más le queda?, ¿qué más le falta por vivir a mi hermano? ¡NO ES JUSTO!

Le pedía al cielo que lo dejaran descansar porque si yo estaba derrotada significaba que Pablo estaba al borde de la muerte con esa fragilidad que ha tenido desde que nació. Y lo entendía, sabía que él ya quería descansar y eso significaba que no estaría con nosotros.

No, no creo que fuera justo. Pero, ¿cuándo lo ha sido?, lloraba y reclamaba, asustada y enojada y de muchas maneras trataba de representar en el fuego lo que estaba a mi alrededor. Pero ahí, en el silencio de las brazas, lo que parecía que iba a ser imposible sucedió logré calmarme y, misteriosamente, después de esa catarsis extrema me sentí descansada. Ese incendio representaba el fuego que traía en mi interior y tuve que aceptar que no estaba en mis manos y que fuera lo que fuera tenía que ser lo mejor.

Levanté mi mirada en la oscuridad y pude ver un horizonte que se iluminaba con las luces de la ciudad. Una mirada de esperanza a la cual aspirar que, después de todo, eso era lo único que tenía sentido.

¿Estamos verdaderamente listos para que un familiar con discapacidad muera de improviso?

No, nunca. Pero debemos estar listos para sostenernos de la esperanza.

Fotografía tomada por Daniela del amanecer en el cerro del bosque de La Primavera.

CAPÍTULO 10. EMPATÍA Y COMPASIÓN ANTE LA DISCAPACIDAD

¿La discapacidad sonríe?

En el dolor ajeno también habita nuestro propio dolor por eso es que a veces cuesta tanto trabajo mirar y preferimos voltear hacia otro lado. Lo cierto es que mirar hacia otro lado no soluciona los problemas así como tampoco el usar máscaras con sonrisas de azafatas, sólo aprendiendo a gestionar correctamente las emociones se puede vivir auténticamente y llevar una vida consecuente con aquello que ocurre.

Preguntarnos si la discapacidad sonríe pareciera que es como preguntarnos si le sonreímos a los problemas. Suena un poco rudo ¿no? Considero importante hablar de la discapacidad y de la sonrisa para buscar un puente que nos permita cruzar.

Si me baso en lo que define la Organización Mundial de la Salud (OMS) la discapacidad trata de deficiencias, limitaciones y restricciones. Las deficiencias se explican como problemas que afectan corporalmente a una persona; las limitaciones son dificultades para realizar acciones o tareas y las restricciones son también problemas para participar en situaciones vitales.

Así que, en pocas palabras, la discapacidad es un fenómeno complejo que imposibilita o dificulta el desarrollo normal de una persona, no sólo en un nivel individual sino también social que afecta a la familia.

Pensar entonces en la discapacidad como esta imposibilidad difícilmente nos genera una sonrisa y más bien la observamos con cierta elusión y muchas veces nos escandalizamos, especialmente cuando no la comprendemos. A nadie nos gustan los problemas y sabemos que las limitaciones, físicas o intelectuales, significan complicaciones y dejan un rastro de lágrimas, tristezas, enojos y soledad que las convierte en una realidad que no se celebra sino que se lamenta.

Por otro lado, la sonrisa hace referencia a exactamente lo contrario; felicidad, alegría, bienestar se transmite una sensación de anhelo a la que volteamos a ver con una mirada de deseo y bienvenida. En general es la respuesta a un estímulo que se genera de manera innata pues no se enseña a las personas a sonreír sino que lo hacemos de forma natural y espontánea desde que somos bebés.

Se han realizado numerosos estudios acerca de la sonrisa y su impacto en nuestra mente y cuerpo, en la actualidad se identifican dos tipos de sonrisas: la sonrisa veraz o también conocida como sonrisa de Duchene (nombrada así por el médico francés del siglo XIX que la descubrió, Guillaume Duchene) y la sonrisa falsa aquella fingida y también conocida como sonrisa "botox".

Respecto a las situaciones que vienen junto con la discapacidad es común poner una sonrisa que escude el miedo que podemos llegar a sentir como padres o hermanos de la situación a la que nos tenemos que enfrentar y de la cual no tenemos conocimiento. Es necesario poner una "foto de perfil" para que no nos juzguen y nos forzamos para demostrar "estar bien" con tal de no recibir el látigo de la lástima de los demás.

Como seres humanos tenemos mecanismos inconscientes con los que detectamos si una sonrisa es sincera o no. Las personas podemos reconocer una sonrisa genuina a casi cien metros de distancia y está comprobado que una cara sonriente impacta directamente en la memoria pues se vuelve una experiencia gratificante y fácil de recordar. Si el gesto no es legítimo lo más probable es que desconfiemos.

Un estudio sobre las reacciones generadas por gestos faciales que se llevó a cabo en la Universidad de Upssala, Suecia, concluyó que las personas que sonríen tienden a contagiar su buena disposición. Una sonrisa es entonces contagiosa y esto quiere decir que tiene que ver con los otros.

La realidad es que no somos capaces de ver nuestra propia sonrisa, a menos que miremos su reflejo, el cual no necesariamente debe ser en un espejo. Los demás también son retroalimentación de nuestra mirada que puede ser compasiva, o bien, expectante.

A la vez hay que pensar en cómo observamos a la discapacidad. Nuestro cerebro tiene la peculiaridad de copiar, actuar y sentir debido a las neuronas espejo que rigen la conducta imitativa y nos hacen casi sentir el sufrimiento del otro, incluso padecerlo, a través de un reflejo de emociones y sensaciones de los demás que nos conectan y nos dan la capacidad de ser empáticos.

Para poder aproximarnos con sabiduría al sufrimiento del otro es necesario comprender sin juzgar y realmente escuchar al otro ya que muchas veces proyectamos en él nuestro dolor.

Por ejemplo:

Una joven madre y su esposo llevan por primera vez a su único hijo a la playa pues les hacía mucha ilusión que conociera el mar. Su hijo tiene discapacidad cerebral, todavía no muy bien diagnosticada pero puede que se trate de una parálisis cerebral severa.

Los jóvenes padres guardan una profunda expectativa de que ese acontecimiento cauce un grato recuerdo de felicidad para su pequeña familia. Su hijo de cuatro años de edad no tenía capacidad intelectual para comprender lo que sus papás buscaban.

Finalmente llegan a la playa en un día caluroso y con dificultad montan su sombrilla y el resto de cosas que llevaban para su día familiar memorable, que bien que lo necesitaban después de tantas preocupaciones a causa de la condición de su hijo.

Al pequeño se le ve incómodo probablemente por la humedad y el calor del lugar. Con cuidado el papá baja al niño a la arena sin dejar de sostenerlo mientras la mamá al mismo tiempo baja el tanque de oxígeno que su hijo debe llevar a todas horas debido a su discapacidad. En el momento en que sus espásticos pies hacen contacto con la arena rápidamente el ceño del niño se frunce y comienza a retorcer su cuerpo con fuerza y a balbucear gritos y sonidos que parecen una queja.

El padre inmediatamente lo levanta y trata de tranquilizarlo para después mirar a su esposa e indicarle con la negación de su cabeza, que deben irse de ahí.

La madre sonríe pero en su sonrisa hay tristeza. Si una madre observa a su hijo sufrir no necesita sufrir ella para poder sentir el dolor de su hijo y sus emociones respectivas. De otra manera, ¿cómo explicamos cuando nos emocionamos al ver una película? Nos conectamos con la emoción que nos transmiten los demás y la imitamos al punto que la podemos experimentar nosotros mismos.

La madre del ejemplo anterior probablemente proyectó en su hijo sus propias expectativas y mostró una sonrisa falsa al darse cuenta de que lo que se había imaginado no iba a suceder lo que le causó una profunda tristeza que escondió en su sonrisa.

Las huellas de la vida se pueden transformar en cicatrices que muchas veces nos avergüenzan y que queremos ocultar. Hoy en día se borran incluso las marcas de la misma sonrisa, las observamos como si fueran una deformidad de la cara que causa arrugas e imperfecciones por lo que se recurre al botox o distintos métodos de rejuvenecimiento para deshacerse de esas terribles huellas que ha dejado la experiencia del reír.

La sonrisa genera infinidad de reacciones positivas en el

cerebro y en nuestro cuerpo, nos ayuda a recuperarnos de los episodios más estresantes y percibirlos de manera más positiva. La dificultad lleva consigo una cicatriz con potencial resiliente de lo que fue un momento doloroso, pero que se transforma en algo sumamente valioso. Eso fue lo que nos sucedió a nosotros después de vivir todas las repercusiones de aquel accidente del día 27 de marzo de 2017 en el que estuvieron mis papás y mi hermano Pablo.

A consecuencia de este accidente fueron necesarias distintas intervenciones quirúrgicas, especialmente para mi hermano Pablo. Una de ellas fue una operación de pulmón en la que, por complicaciones, los doctores no lograron el objetivo y nos comunicaron que la alternativa que nos quedaba era realizarle una traqueostomía, que dejaría a mi hermano sin la posibilidad de hablar.

Al escuchar esto me invadió una abrumante tristeza pensaba en lo mal que se podría sentir Pablo sin su capacidad de habla y sin ninguna explicación realmente adecuada para él. A diferencia de muchas personas con parálisis cerebral mi hermano Pablo habla muy bien y quitarle esa capacidad era arrebatarle uno de los más grandes logros de su vida.

Desde mi perspectiva Pablo iba a sufrir pues no iba a poder cantar (actividad que disfruta enormemente), leernos cuentos, contar sus aventuras en voz alta y sus actividades de calendario una y otra vez... ¿Pablo sonreiría con tantas imposibilidades?

Todos estos pensamientos me quitaban mi propia sonrisa, me abrumaba lo difícil que sería para él este accidente, además de todo lo que ya había tenido que soportar con su discapacidad. Sin embargo resultó que mi hermano tenía mucha capacidad de comunicación no verbal y cuando se dio cuenta de que no podía hablar no tuvo problema en buscar opciones a su alcance para darse a entender. Recurrimos a pictoramas, dos letreros que indicaban sí o no, comunicarnos con música y dibujos, entre otras cosas.

Semanas después de la prueba de comunicación superada y después de otras intervenciones quirúrgicas los doctores le practicaron a Pablo una colostomía que es un procedimiento que hace salir las heces por una bolsa adherida al abdomen y la tendría durante unos meses, de esta manera su colón tendría oportunidad de recuperarse.

Nuevamente escuchar sobre esta situación me destrozaba. Creaba pensamientos negativos acerca de todo lo que Pablo podría vivir y sufrir ahora con la colostomía, me hundía en emociones de tristeza, enojo, miedo e impotencia. Pero querido lector todas esas emociones no eran de Pablo sino que era mi propio reflejo.

La primera vez que Pablo vio que tenía popó en la bolsita que le habían adherido a su abdomen lo que dijo fue:

—Tengo popó hay que limpiarla —con una calma envidiable como si fuera algo completamente normal y luego volvió al cuento que estaba leyendo.

No lo podía creer pero Pablo, a pesar de todo lo que le estaba tocando vivir, sonreía mientras escuchaba música, le contábamos cuentos o jugábamos a *El Rey León*. Su sonrisa siempre ha sido sincera, la más transparente del mundo.

Si hablamos de la sonrisa de la discapacidad hablamos del

lado alegre de la misma pero, sobre todo del lado sincero. No podemos fingir la esperanza de un "todo va a estar bien", no podemos pretender que nos gusta la situación de dificultad en la que tantas veces nos encontramos con las personas especiales en nuestra familia y no podemos ignorar las emociones negativas que se viven con los problemas.

La discapacidad que nos sonríe es un lado poco visto que nos provoca reconocer nuestras limitaciones pero a la vez es nuestra propia sonrisa ante la perspectiva y experiencia de las dificultades la que nos modifica en nuestros valores y en todo aquello que podemos lograr a través de la compasión y la empatía.

Sonreír con sinceridad no es decir que todo ha sido fácil y que hemos estado protegidos en una burbuja de alegría y confort. Asimismo como afirmaba la psicóloga Rosana Pereira experta en psicología positiva, pretender que sólo se experimenten emociones positivas es tan absurdo como imposible. Usar sólo esta máscara nos hace perdernos de la riqueza que existe en la diversidad emocional de la que estamos hechos.

Por lo tanto, al mal tiempo no sólo buena cara pues somos más que una imagen bonita. La discapacidad nos muestra muchas veces una sonrisa no tan estética pero singularmente hermosa en la paradoja de la diferenciación y la humanidad que nos une. Vestir una sonrisa que ha atravesado dificultades es atrevernos a ser diferentes y explorar territorios nunca antes recorridos significa que nos damos la oportunidad de encontrar satisfacción en la grandeza de nuestra propia introspección.

Sólo convivir con personas de capacidades diferentes nos cambia la forma de entender el mundo y esto es un gran aprendizaje para crear nuevos paradigmas. Sin embargo, el cómo nos cambia y el cuánto depende de cada uno de nosotros y de cuán abiertos estamos a la transformación.

Abrir nuestro corazón no es cosa fácil porque se esconde detrás de una armadura rígida difícil de penetrar. Ver a una persona frágil, en su mente y en su cuerpo, nos hace temer a la debilidad pero si nos atrevemos a mirar con atención podemos encontrar aquella indescriptible determinación para salir adelante y ser mejores, y esto nace de una ternura fortalecida. La vulnerabilidad se sostiene por la fortaleza en la determinación de amar.

Atento lector: la discapacidad es la sonrisa más sincera, bella e imperfecta que nos sirve como recordatorio de que las limitaciones son oportunidades para buscar un modo creativo de hacer de la dificultad una mejor y desarrollable capacidad. Se trata de dejarse seducir para romper el tabú y encontrar las mieles de lo que somos ante la vulnerabilidad y la inocencia en el mundo de un ser donde lo que reina es el amor más puro y donde habita la compasión y la empatía.

La sonrisa de la empatía respecto a la discapacidad no es misericordia ni dolor escondido sino una forma de hacernos más humanos y reconocer **todo lo humano que hay en el otro**.

Colección de momentos

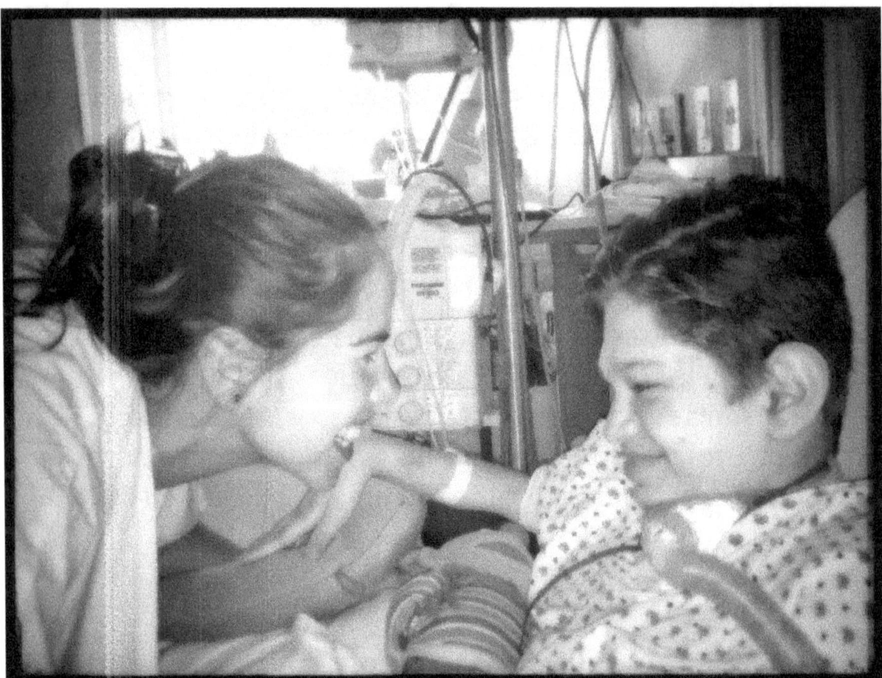

Daniela y Pablo en el hospital juegan y se comunican a través de las sonrisas, cuando Pablo todavía tenía traqueostomía y no podía hablar. Momentos de sonrisas, momentos de fortalezas.

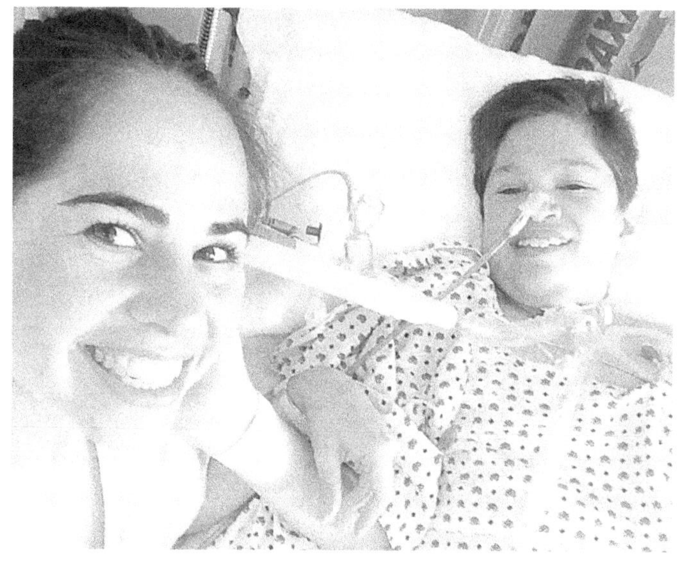

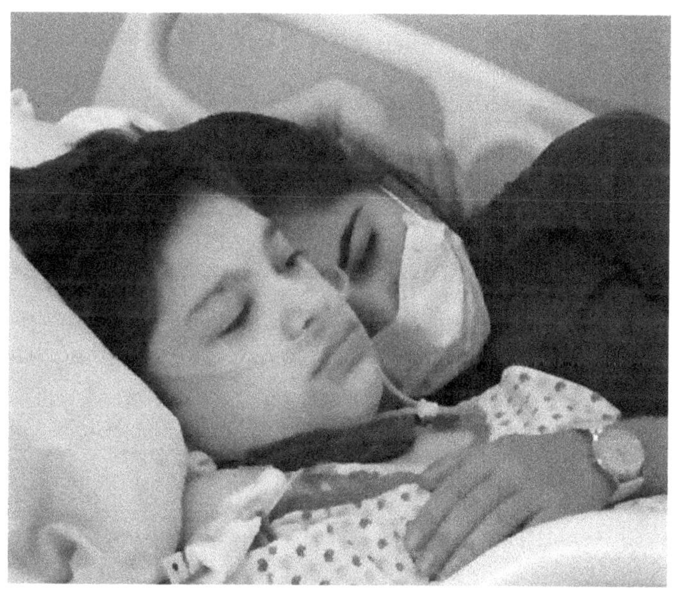

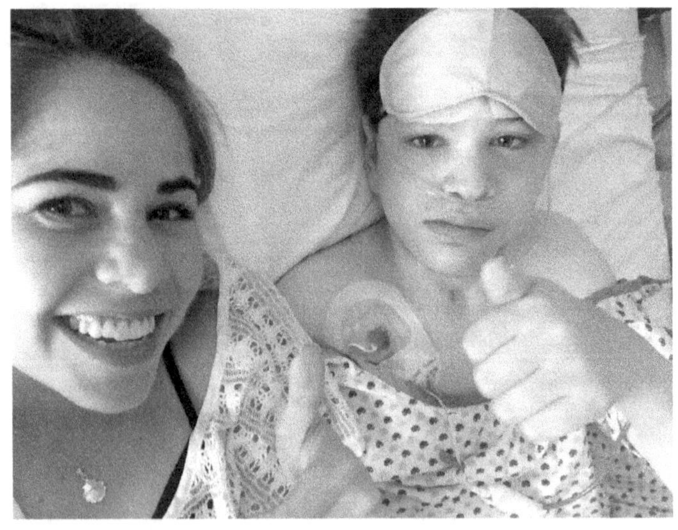

Martín papá, Martín hijo de espaldas, Daniela y Pablo en nuestra infancia llena de música.

Los cuñados Nayar y Pablo comparten una tarde de "guitarreada".

Daniela y Pablo en su primera carrera "Unidos".

Daniela y Pablo de campamento con Centro de Día Algarabía.

Martín, Pablo y Dany en un día de las madres, una interesante representación de personajes.

Pablo, Gabriel, Fernanda y Dany pretendiendo que ya están "dormidos".

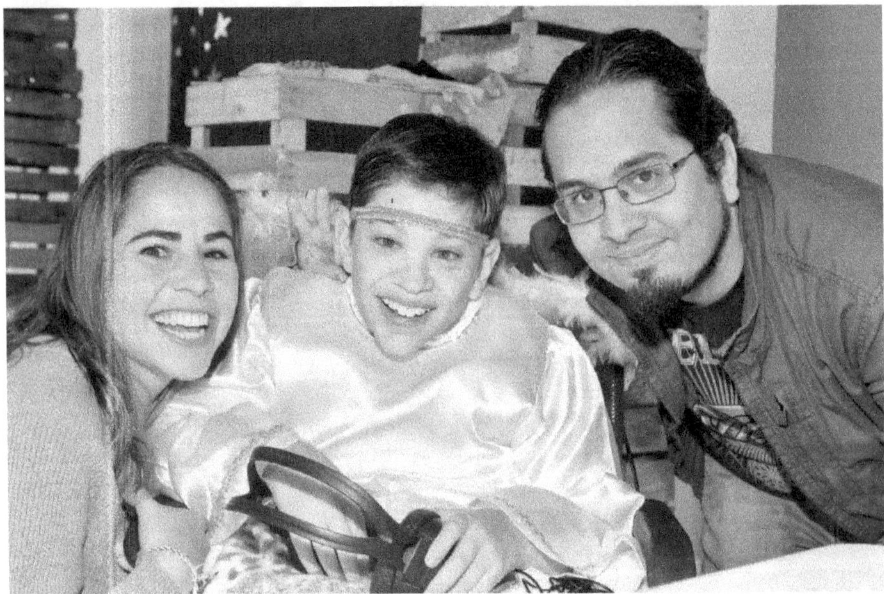

Daniela, Pablo y Martín en alguna pastorela en la que Pablo salió de "angelito" y los otros hermanos sabían que no era del todo cierto.

Martín, Lizzy y Pablo en la obra de teatro El Rey León *primer cumpleaños de Pablo después de salir del hospital por el accidente en la camioneta.*

Con su maestra "Peque" disfrazados de Rafiqui y Simba.

Tía Cindy, Tío Gabriel, Gabriel y Pablo en un cumpleaños celebrado con karaoke.

Tía Gina y Pablo brincan olitas en la playa mientras se mojan los pies.

Fernanda y Pablo los primos que se conocían por primera vez.

Los hermanos Martín y Pablo.

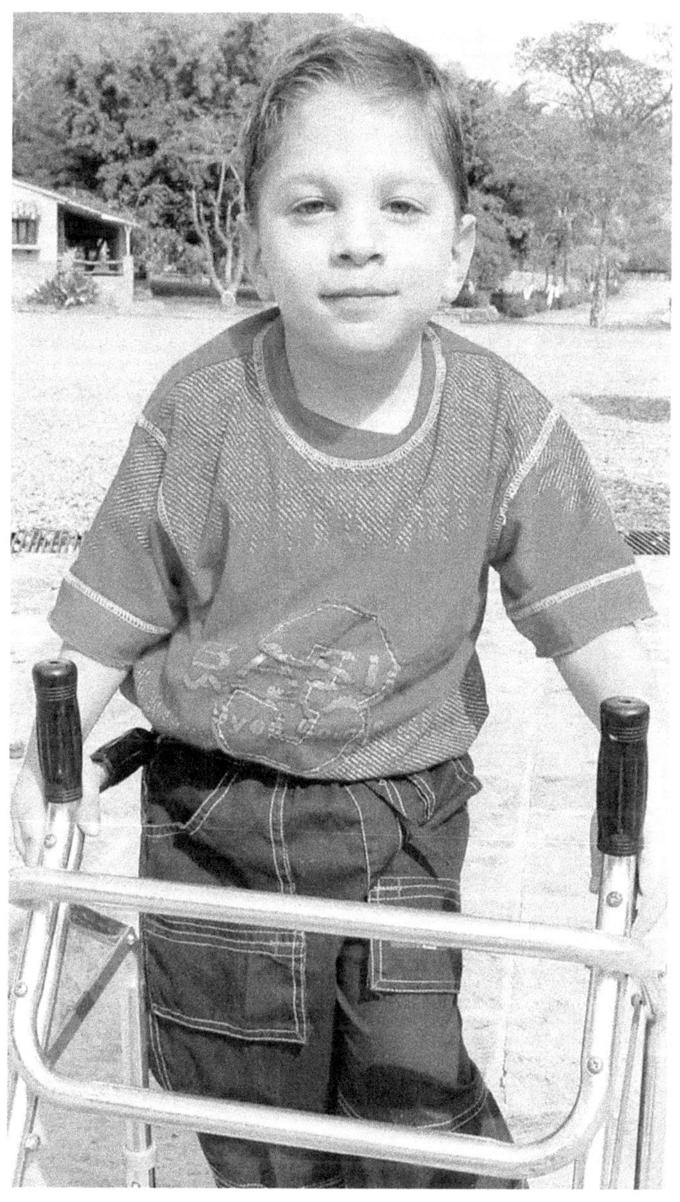

¡Felicidades

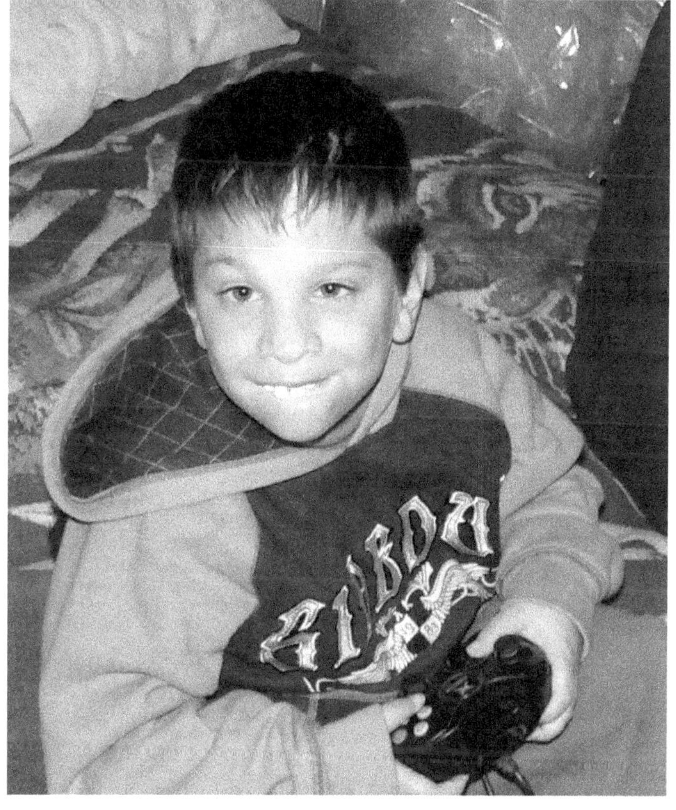

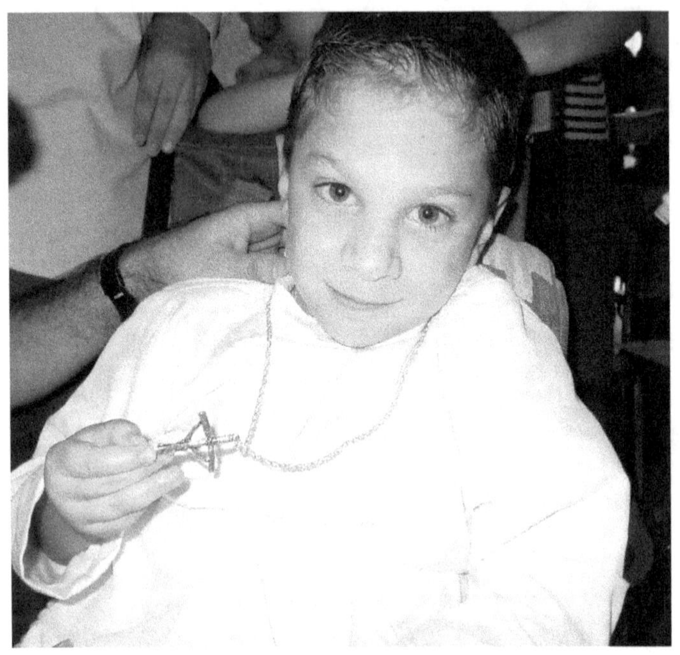

Pablo y Marco su fisioterapeuta.

Tía Gina y Pablo en el Italianni's.

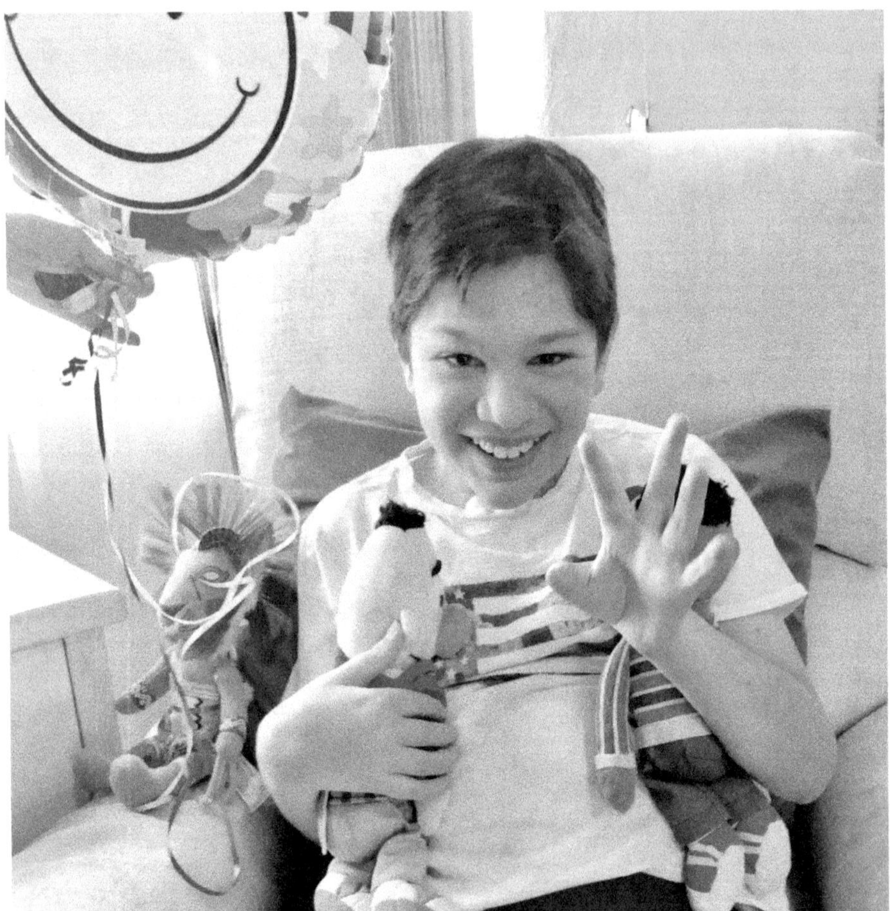

La sonrisa de Pablo el día que finalmente volvió a su casa, después de haber atravesado una difícil recuperación de aquel accidente automovilístico.

RECOMENDACIONES

He tenido el regalo y el privilegio de ser la hermana de una persona con discapacidad física e intelectual. No me cabe duda de que mi profesión como psicóloga terapeuta familiar la elegí gracias a mi experiencia con mi familia especial.

Querido lector a lo largo de mi carrera profesional y personal he encontrado muchos libros, artículos y videos que me han ayudado y que quisiera compartir contigo por si alguna vez tienes la necesidad de trabajar el tema de la discapacidad, ya sea por situaciones personales o profesionales.

Espero que las siguientes recomendaciones puedan serte de utilidad.

Cortometraje "Cuerdas" de Pedro Solís García. "Cuerdas" fue el ganador del premio Goya® 2014 en la categoría de "Mejor cortometraje de animación español". https://www.youtube.com/watch?v=4INwx_tmTKw

Boris Cyrulnik, El amor que nos cura, Gedisa, España, 2006, 192 pp.

Carlos de Pablo-Blanco y María Josefa Rodríguez, Manual práctico de discapacidad intelectual, Síntesis, España, 2010.

Isabel García Alonso, Concepto actual de discapacidad intelectual. Psychosocial Intervention, volumen 14, número 3, 2005, pp. 255-276. Recuperado de http://www.redalyc.org/articulo.oa?id=179817547002

Roberto García Núñez y Guillermina Bustos Silva, "Discapacidad y problemática familiar", Paakat. Revista de Tecnología y Sociedad [en linea], número 8, 2015, [fecha de Consulta 11 de Noviembre de 2020]. Disponible en: https://www.redalyc.org/articulo.oa?id=499051499005

Joaquín González-Pérez, Discapacidad intelectual. Concepto, evaluación e intervención psicopedagógica, Ediciones de la U., España, 2019.

Concha Iriarte Redín y Sara Ibarrola-García, "Bases para la intervención emocional con hermanos de niños con discapacidad intelectual" publicado en Electronic Journal of Research in Educational Psychology, Universidad de Navarra, volumen 8, número 1, 2010, pp. 373-410. Recuperado de http://www.investigacion-psicopedagogica.com/revista/articulos/20/espannol/Art_20_393.pdf

Olga Lizasoáin, Discapacidad y familia: el papel de los hermanos, Departamento de Educación, Universidad de Navarra, España, 2000.

O. Lizasoáin Rumeu, M. C. González, C. Iriarte, F. Peralta, A. Sobrino, C. Onieva, E. Chocarro, Hermanos de personas con discapacidad intelectual: guía para el análisis de necesidades y propuestas de apoyo, Siníndice, España, 2011.

Begoya Nafría, Belén Pérez, "Los hermanos de un niño con discapacidad también son especiales" en publicación digital Guía Metabólica, Hospital Sant Joan de Déu, Barcelona, 2015. Recuperado de http://www.guiametabolica.org/consejo/hermanos-nino-discapacidad-tambien-especiales

Feli Peralta López y Araceli Arellano Torres, "Familia y discapacidad. Una perspectiva teórico-aplicada del Enfoque Centrado en la Familia para promover la autodeterminación" en Electronic Journal of Research in Educational Psychology, Universidad de Alemania, volumen 8, número 22, 2010, pp. 1339-1362.

John S. Rollan, Familias, enfermedad y discapacidad. Una propuesta desde la terapia sistémica, Gedisa, España, 2000, 416 pp.

---

[1] Este es un relato ficticio basado en una historia real en el que los nombres verdaderos y otros elementos han sido alterados para respetar la identidad de las y los protagonistas.

[2] Iriarte, C. y Ibarrola-García, S. (2010). Bases para la intervención emocional

con hermanos de niños con discapacidad intelectual. *Electronic Journal of Research in Educational Psychology* Recuperado de http://www.investigacion-psicopedagogica.com/revista/articulos/20/espannol/Art_20_393.pdf